FUCK CANCER

nn meine Wut macht mich
rk gegen den Krebs

Myriam von M.
mit
Sascha
Hoffmann

FUCK CANCER

Denn meine Wut macht mich
stark gegen den Krebs

Eden
BOOKS

Aufgeben zählt nicht!

Myriam war schon immer eine unerschütterliche, unbeirrbare Kämpferin – und das kommt nicht von ungefähr. Im Laufe ihres von Krankheit und Schmerz geprägten Lebens sollte Myriam von M. viele Höhen und Tiefen überstehen, und dies bereits unmittelbar nach ihrer Geburt.

Als Myriam nach einem Treppensturz ihrer Mutter als Frühchen zur Welt kam, musste sie zum ersten Mal um ihr Leben kämpfen. Sie werde die erste Nacht ihres noch jungen Lebens nicht überstehen, mutmaßten die Ärzte. Sie sei zu schwach, ihre Lungen würden einfach nicht mitspielen. Doch sie hatten den unbändigen Lebenswillen der Mini-Myriam unterschätzt, die sich als kleine Kämpferin beweisen sollte, wie noch so oft in ihrem späteren Leben. Ihr Vater, der seine Tochter, nach anfänglicher Ablehnung, später doch noch lieb gewinnen sollte, erschoss sich selbst, als Myriam noch ein kleines Mädchen war. Missbrauch und Gewalt zogen schließlich in ihr Leben, nachdem ihre Mutter wieder geheiratet hatte und sich einfach nicht in der Lage sah, sich aus diesem Elend zu befreien und

Myriam zu schützen. Resultat: Schon in der Pubertät manifestierten sich bei der Teenagerin Borderline, Depressionen, Panikattacken und Zwangsstörungen.

Auch als junge Erwachsene sollte die Pechsträhne nicht abreißen, die Gesundheit spielte ihr übel mit. Im Jahr 2002 begann mit der ersten Krebsdiagnose ein schier endloser Kampf gegen dieses übermächtige Monster. Aber Myriam lebt, auch und vor allem, weil sie bis heute eine starke Frau ist, die nie aufgegeben hat, die sich aus jedem Tief wieder tapfer nach oben gekämpft und aus jeder einzelnen niederschmetternden Lebenserfahrung etwas Positives gemacht hat, selbst aus ihrer Krebserkrankung.

Kleines, knubbeliges Etwas

Mir schallen die Worte noch in den Ohren, die ich meinem Freund Robin erst vor Kurzem trotzig an den Kopf geknallt habe.

»Was soll das denn schon sein, Schamlippenkrebs, oder was?«

Puh, der Arme musste sich echt ganz schön was anhören. Dabei meint er es ja nur gut, das weiß ich selbst, doch ist er mir einfach fürchterlich auf die Nerven gegangen mit seiner ewigen Schwarzmalerei und dem Drängen, mich endlich operieren zu lassen.

Vielleicht habe ich ihn unterbewusst auch deshalb gerade auf dem Seitenstreifen unserer Beziehung geparkt und amüsiere mich lieber mit meiner Affäre. Ja, ich gebe es zu. Ein paar Wochen geht das schon so, und ich fühle mich nicht einmal schlecht dabei. Begehrt, gleichzeitig frei – ohne den ständigen Druck, den eine angeschlagene Beziehung unweigerlich mit sich bringt.

Ich bin sogar schon mit Sack und Pack aus der gemeinsamen Wohnung ausgezogen – vorübergehend, so mein Plan. Leicht ist es mir nicht gefallen, schließlich ist Robin ja eigentlich ein lieber Kerl, und der Vater meines Sohnes Sebastian noch dazu. Doch irgendwie haben wir uns auseinandergelebt, das ist manchmal einfach so. Vielleicht konnte ich es aber auch schlichtweg nicht mehr ertragen, dass Robin ständig über dieses Ding zwischen meinen Beinen sprechen wollte, das er schließlich besser sehen und beobachten konnte als ich selbst.

Urplötzlich war es da gewesen, vor einem Dreivierteljahr etwa, an der Narbe einer Geburtsverletzung, die mich ansonsten nicht wirklich störte. Ein nicht richtig aufgelöster Faden, eine Narbenverhärtung – Gott, da waren so viele Möglichkeiten gewesen, um dem Ding eine halbwegs akzeptable und ungefährliche Daseinsberechtigung zu geben. Ich war ja auch nicht die Einzige, die keine Dringlichkeit erkennen konnte, meine Ärzte taten es mir gleich. Nur mein lieber Freund, der blieb hartnäckig, und das rührte nicht von ungefähr: Robin hatte selbst Krebs gehabt – schwarzen Hautkrebs. Einige Jahre ist das jetzt her, es war ziemlich übel. Er gilt als geheilt, verarbeitet hat er das Ganze aber noch längst nicht und deshalb auch immer mit tief sitzenden Ängsten zu kämpfen, die er verdammt noch mal nicht auf mich projizieren soll.

»Du musst es wegmachen lassen, das sieht nicht gut aus.«

Es drehte sich alles nur um diese winzige Stelle an meinem Körper. Leider. Um dieses kleine, knubbelige Etwas, das sich aus dem Nichts durch die Hintertür in mein Leben und somit auch in unsere Beziehung geschlichen hatte.

Ich selbst zog es vor, mir einzureden, dass es ganz bestimmt nichts Schlimmes wäre, während das Teil munter weiterwuchs und mit ihm schließlich auch die Verunsicherung, die schön langsam zu meinem tagtäglichen Begleiter wurde. Hatte Robin vielleicht aufgrund seiner eigenen Erfahrungen doch berechtigte Sorgen und deshalb so eindringlich auf mich eingeredet, endlich zu einem anderen Arzt zu gehen? Beim Gynäkologen war ich ja längst gewesen, aber all die Salben, die ich immer und immer wieder verschrieben bekam, wollten einfach nicht helfen – Wirkung gleich null!

Sechs Monate mache ich das nun schon mit. Es reicht! Eine zweite Meinung muss her, die Meinung eines Mediziners, den ich schon ewig kenne, nämlich ganz genau seit meiner Geburt.

Dr. Meininger hat mich immer wie eine Tochter behandelt, ihm vertraue ich blind. Zu doof, dass ich mittlerweile nicht mehr in seiner Nähe wohne, sonst wäre ich nämlich nie auf die Idee gekommen, überhaupt die Praxis zu wechseln. Nun aber ist mir die lange Fahrt egal, ich muss einfach wissen, was er zu der ganzen Sache zu sagen hat.

Obwohl ich keinen Termin habe, werde ich sofort aufgerufen. Dr. Meininger scheint zu ahnen, dass es wichtig ist, schließlich hätte ich ihn ansonsten wohl kaum extra aufgesucht. Er untersucht mich nur kurz und kommt gleich auf den Punkt: »Myriam, das muss raus, am besten sofort!«

Der mir so vertraute alte Mann sagt dies mit einem zerknirschten Stirnrunzeln, wie ich es so bei ihm noch nie gesehen habe. Was es ist oder sein könnte, darüber verliert er kein Sterbenswörtchen. Nur seine mehr als eindringliche Empfehlung wiederholt er mehrfach: »Raus damit, Myriam, das muss raus, ich mache dir für morgen einen Termin bei einem Kollegen!«

Irgendwie will die Dringlichkeit bei mir dennoch nicht so richtig ankommen. Ich lehne dankend ab, schiebe den Eingriff weit von mir und gebe vor, alles zeitlich erst planen zu müssen. Noch immer möchte ich an nichts Schlimmes denken, gebe drei Wochen später dann aber doch dem Zureden meiner Liebsten nach und mache einen Termin in der Klinik, ohne mir allzu große Sorgen zu machen.

Dann ist es so weit: Morgens rein, Vollnarkose, mittags wieder raus – fertig! Endlich bin ich das Ding los – hurra! Ich bin happy, einfach nur happy.

Ein paar Tage später piksen die Fäden der OP-Naht dermaßen, dass es mich fast zur Weißglut bringt. Ich will die blöden Teile nur noch loswerden. Ab zum Gynäkologen und weg damit!

Im Wartezimmer angekommen, überkommt mich ein seltsames Gefühl. Es ist dieses sonderbare Gefühl, als würde etwas Schreckliches unmittelbar bevorstehen. Fast so wie in alten Hitchcock-Schockern, wenn das Messer hinterm Duschvorhang blitzt und man einfach nur die Decke übers Gesicht ziehen will, bevor das Blut spritzt. Angstschauer bahnen sich in lähmender Zeitlupengeschwindigkeit über den Rücken. Meine Atmung wird flacher und flacher. Enge, ich spüre nichts als Enge in der Brust, als hätte es sich ein dicker, fetter Elefant darauf gemütlich gemacht. »Verpiss dich«, denke ich, während die Seiten der Illustrierten zum hundertsten Mal durch meine Finger gleiten, ohne dass ich auch nur einen einzigen Buchstaben, geschweige denn ein ganzes Wort darin gelesen habe.

Wann werde ich bloß endlich aufgerufen? Warum dauert das so lange? Ist diese schwangere Übermutter mit ihren drei Kids nicht lange nach mir gekommen? Und die pausenlos mit ihrer Sitznachbarin schnatternde Oma doch auch. Wie all die anderen, deren Namen längst durch den Lautsprecher an der vergilbten Decke gerattert sind und die sich längst wieder aus der Praxis verabschiedet haben, mit einem Rezept oder Arztbericht in der Hand und einem erleichterten, zufriedenen Lächeln im Gesicht, weil sich das Jucken zwischen den Beinen doch nur als harmlose Pilzinfektion herausgestellt hat. Haben die ein Glück!

Meine Gedanken fahren nicht nur Karussell, sondern regelrecht Geisterbahn. Will sich der Weißkittel etwa besonders viel Zeit für mich nehmen, um mir ganz behutsam beizubringen, dass ich mich die letzte halbe Stunde völlig zu Recht verrückt gemacht habe? Wenige Minuten später erfahre ich es.

Mit der Wucht eines Boxhandschuhs

Fuck! Das darf ja wohl nicht wahr sein. Gerade will ich meine Jeans hochziehen und nach einer gefühlten Ewigkeit die Praxis meines Gynäkologen verlassen – und dann das.

»Ich habe Ihren Befund gefaxt bekommen und konnte es selbst kaum glauben«, höre ich meinen Doc vor sich hin brummeln, während ich hinter dem weißen Vorhang der Behandlungskabine stehe und die widerspenstigen Knöpfe meiner Hose schlagartig zur unwichtigsten Sache der Welt werden. Was bitte meint er jetzt damit? Befund gefaxt bekommen. Warum? Kommen die Dinger normalerweise nicht mit der Post? Ich ahne Schlimmes.

»Myriam, Sie hatten da unten tatsächlich ein Karzinom. SIE HABEN KREBS!«

Mein Körper beginnt zu vibrieren. Ich zittere. Vom Kopf bis zu den Füßen. Kalter Schweiß erobert jede verfügbare Pore meiner Haut, fast so wie ein anfangs winziger Riss eines zugefrorenen Sees, der größer und größer wird, um letztlich mit voller Wucht die gläsern erscheinende Eisschicht zum Bersten zu bringen. Ich friere. Alles um mich herum dreht sich wie die knallrote Signallampe in der Schutzzone eines Atomkraftwerkes, die in Einklang mit der laut jaulenden Sirene eine unvorstellbare Katastrophe ankündigt.

Unvorstellbar, das trifft es wohl am besten. Sofern es überhaupt ein passendes Wort dafür gibt, um auch nur ansatzweise zu beschreiben, was da gerade über mich hereinbricht. Dabei hatte ich mir diesen Tag doch ein klitzekleines bisschen anders vorgestellt. Genau richtig, um mir diese verflixten Fäden ziehen zu lassen, die mich unendlich gepiesackt und einfach nur genervt hatten. Klar, es war ja auch gerade erst sechs Tage nach der OP, und ich wollte einfach nur eines: endlich wieder ohne das Ding da unten mein Leben genießen.

Und nun sitze ich da mit einem Arzt, der mindestens so geschockt und ratlos scheint wie ich. Fassungslos starrt er auf den Befund, nimmt seinen schweren Bonzenkugelschreiber und beginnt, auf meinem Schicksalspapier herumzukritzeln. Ich erkenne im tintenblauen Linienwirrwarr eine Vulva, an der er mir genau zeigt, wo der Tumor gesessen hat und wie viel sie weggeschnitten haben. Er erklärt mir, die Geschwulst sei *in sano* entfernt worden, was bedeutet, dass die Schnittstellen tumorfrei sind.

Schön und gut, nur reicht das leider nicht, denn um komplett auf Nummer sicher gehen zu können, muss rundherum eigentlich ein Zentimeter mehr entfernt werden. Zu dumm, dass niemand, aber auch wirklich niemand bei der OP damit gerechnet hat, dass ich Vulvakrebs habe, eigentlich bin ich mit meinen 25 Jahren ja auch noch viel zu jung dafür.

Ich schweife gedanklich immer weiter ab. Die sonore Stimme meines Arztes nehme ich nur noch wie durch Watte wahr. Ich kann mich nicht dagegen wehren, ich will es auch gar nicht.

Kurz darauf sitze ich in meinem Auto. Wie ich aus der Praxis, das Treppenhaus hinunter und auf die Straße gekommen bin, weiß ich nicht mehr. Apathisch starre ich das Lenkrad an, in den Ohren immer wieder diese Worte: »Myriam, Sie haben Krebs. Sie haben Krebs, Sie haben Krebs ...« Verdammt noch mal, ICH HABE KREBS!

Ich spüre, wie mir die Energie aus meinem kompletten Körper in die Arme schießt, als sich meine Hände wie von allein zu Fäusten ballen und ich auf mein Lenkrad einprügele. Wäre es die Magengegend eines Menschen gewesen, würde der nun zusammengekauert am Boden liegen und jämmerlich darum flehen, dass ich von ihm ablasse. Mein Auto schreit auf, die Hupe zumindest, immer und immer wieder, mit jedem Schlag. Ich weine und schreie fürchterlich. Die Wut lässt mich zur Furie werden, macht es mir unmöglich, irgendetwas zu denken, und lässt mich einfach nur handeln. Ich will diesen verdammten Krebs plattmachen. Schlagen, einfach aus meinem Leben prügeln. Alles um mich herum scheint plötzlich wie ausgeblendet, einfach nur noch düster und matt.

Es dauert eine Weile, bis ich mich beruhige und begreife, was gerade passiert ist. Ich muss jetzt mit jemandem reden, sonst flippe ich richtig aus.

Ich rufe Robin an, nichts anderes kommt mir in den Sinn, auch wenn wir eigentlich mittlerweile getrennt sind, getrennt auf Probe zumindest. Zitternd greife ich zum Handy und drücke mich bis zu seiner Nummer durchs Telefonbuch meines Nokias. Es klingelt, er geht ran, und ich sage ohne große Umschweife: »Robin, ich habe Krebs!«

Das brutale Wort hat meinen Mund noch nicht ganz verlassen, da schießen mir auch schon die Tränen in die Augen. Ich breche komplett zusammen, innerlich zumindest. Was mein Körper macht, blende ich aus, irgendwie. Mir bleibt nichts anderes übrig, als mich einfach diesen gewaltigen, mir bis dahin gänzlich unbekannten Emotionen hinzugeben. Es ist grausam, einfach nur grausam. Ich habe Krebs!

Robins knapper Kommentar: »Das habe ich mir schon fast gedacht.«

Mein Gehirn switcht in den Notfallmodus, nimmt sich eine Auszeit und will ganz offenbar nur noch das mitbekommen, was es zwingend wissen muss. Was Robin vielleicht noch an guten Ratschlägen oder aufmunternden Worten für mich bereithält, prallt kurzerhand an mir ab. Ich hätte mein Handy eigentlich auch aus dem Fenster werfen können, die Worte meines Ex können ohnehin nicht mehr bis zu mir durchdringen.

Ich will nur noch weg, heim zu meiner Familie. Zu meinem Kleinen, mit dem ich doch noch so viele Jahre verbringen wollte, der sein ganzes Leben noch vor sich hat. Eigentlich müsste ich zur Arbeit, aber das geht mir gerade so was von am Arsch vorbei. Ich brauche jetzt vertraute Gesichter, nichts anderes, und so rollt mein kleiner Corsa dann auch irgendwie nach Hause. Ich nehme den Befund, dieses schreckliche gelbe Blatt Papier, steige die Treppe rauf in den ersten Stock, wo alle versammelt in der Küche sitzen und – nichts Schlimmes ahnend – beim Frühstück sind.

Basti, der gerade einmal eineinhalb Jahre alt ist, sitzt wie immer in seinem Hochstuhl, mampft begierig seinen Zwieback und ist über und über mit Krümeln eingesaut, bis in die Haare. Als ich in seine großen Kulleraugen blicke, lächelt mich der Kleine an und streckt mir fröhlich seine Ärmchen entgegen. Da ist es um mich geschehen. Ich fange hemmungslos an zu heulen. Meine Gefühle übermannen mich, und Robins Mutter Gerda, meine Fast-Schwiegermutter, weiß gar nicht, wie ihr geschieht. Sie wusste zwar von meiner Operation, aber nicht genau, wo ich an diesem Morgen gewesen war.

»Myri, was ist denn mit dir los?«

Ich kann es nicht erklären und drücke ihr kurzum den Befund in die Hand. Es dauert nur Sekunden, und ihre Gesichtsfarbe wechselt chamäleonartig von kreidebleich zu tomatenrot. In einem Comic wären jetzt um ihren Kopf herum Gedankenblasen voller Fragezeichen aufgepoppt. Ich kann sie förmlich sehen, während Gerda mit weinerlicher Stimme beginnt zu stammeln: »Und jetzt?«

Und jetzt? Blöde Frage, das wüsste ich auch gern. Ich tappe ja selbst völlig im Dunkeln, und es ist genau dieses Gefühl der Ohnmacht, das mich schier wahnsinnig werden lässt. Was weiß ich, was auf mich zukommt? Was passiert jetzt mit mir? Werde ich Basti noch aufwachsen sehen oder muss ich schon bald die Radieschen von unten anknabbern? Tausend Fragen schwirren mir durch den Kopf, doch die bespreche ich lieber mit meiner Mama am Telefon.

»Kind, das wird schon nicht so schlimm sein«, höre ich sie mit leiser und wahrscheinlich aus ihrer Sicht beruhigend gemeinter Stimme sagen.

What the fuck? Hat sie nicht verstanden, was ich ihr da gerade gesagt habe?

»Mom, ich habe Krebs!«

Mit ihrer Larifari-Reaktion kann und will ich gerade mal so gar nichts anfangen und bin froh, als ich sie wieder los bin und mich bei der Arbeit für den Rest der Woche krankmelden kann. Irgendwie muss ich versuchen, runterzukommen. Mir ist einfach alles nur noch too much.

Zu Hause verkrieche ich mich und denke nach. Dabei wird mir klar, dass es wohl kaum Gleichgültigkeit ist, die meine Mutter so reagieren lässt. Es ist Angst. Angst, die eigene Tochter zu verlieren. Ja klar, Mom empfindet einfach schreckliche Furcht – genau wie ich.

Glücklicherweise ist da aber auch noch meine Oma, mein absoluter Goldschatz. Sie war in meinem Leben immer für mich da, wenn ich sie gebraucht habe, ob bei kleinen oder großen Wehwehchen, bei Liebeskummer oder Gott weiß was, mit ihrer ruhigen, besonnenen Art hat sie mir stets ein Gefühl von Sicherheit und Geborgenheit gegeben, und so wird es auch jetzt sein, da bin ich mir absolut sicher.

Ich greife zum Telefon, wähle ihre Nummer, während mir direkt die Tränen in die Augen schießen. Als ich am anderen Ende der Leitung ihre Stimme höre, ist es vorbei. Ich schluchze nur noch vor mich hin, kann kein vernünftiges Wort, geschweige denn einen ganzen Satz rausbringen.

»Myri, bist du das? Was ist denn los, Kind?«

Es dauert eine gefühlte Ewigkeit, bis ich mich fange und meiner Oma die Schreckensnachricht überbringe.

»Oma, ich habe Krebs!«

Sie fackelt nicht lange, will auch gar keine weiteren Details wissen, sondern sagt genau das, was ich in dieser Situation hören will.

»Myriam, versuch, dich zu beruhigen. Ich weiß, das ist leichter gesagt als getan. Ich rufe mir jetzt ein Taxi und bin gleich bei dir.«

Glücklicherweise wohnt sie nicht allzu weit entfernt, sodass ich sie kurz darauf in die Arme schließen kann. Wir müssen beide weinen, doch Oma gelingt es sehr schnell, mich aufzubauen. Ich weiß nicht, wie sie das immer wieder schafft, aber das ist mir gerade auch völlig egal, Hauptsache, sie schafft es. Stundenlang reden wir miteinander, was mir einfach nur guttut. Oma kennt mich am besten und weiß, wie sie mich beruhigen und aufbauen kann. Sie macht mir Mut. Mut, mich der nun zweifelsohne schwierigsten Zeit meines Lebens zu stellen. Ich weiß, dass sie mich nicht allein lassen wird, und fühle mich auch schon viel besser, als sie abends wieder ins Taxi steigt und mir zum Abschied noch mal die einzig richtigen Worte zuruft: »Myriam, gemeinsam schaffen wir das!«

Am nächsten Tag bin ich dann tatsächlich wieder halbwegs fähig, mich dem Monster zu stellen, das sich bei mir eingenistet hat und auf den hässlichen Namen Krebs hört. Gemeinsam mit meiner Mutter gehe ich noch einmal zu meinem alten Frauenarzt. Genau die richtige Entscheidung, denn der schafft es zumindest halbwegs, mich ein klein wenig zu beruhigen. Allerdings möchte er auch, dass ich bei der gynäkologischen Onkologie vorstellig werde, um möglichst fix eine weiterführende Untersuchung anzustreben. Ich weiß nicht, warum, aber Worte wie »schnellstmöglich« haben mich nie wirklich gestresst. Jetzt schon, und wie!

Dennoch schaffe ich es wie üblich nicht, direkt einen Termin zu vereinbaren. Vielmehr übe ich mich im Verdrängen, und darin bin ich wirklich gut. Decke über den Kopf und bloß niemanden an mich heranlassen. Mir geht's ja gut, zumindest fühle ich mich körperlich topfit. Müdigkeit? So etwas kenne ich nicht. Und das fiese Ding da unten? Das ist ja raus, warum also aufregen?

An Arbeit ist trotz alldem nicht zu denken. Zu viel schwirrt mir durch den Kopf. Erst recht, seit mir eine besorgte Arbeitskollegin, eine Namen tanzende Anthroposophin, am Telefon in den Kopf gesetzt hat, dass meine gesundheitliche Situation als Botschaft zu verstehen sei, ihr Keim ganz sicher in irgendwelchen unverarbeiteten Kindheits- oder Jugenderlebnissen stecke. Mit dem, was sie sagte, lieferte sie mir den richtigen Stoff für unendlich viele schlaflose Nächte. Ob da etwas dran ist?

Na ja, tatsächlich eignet sich mein Leben bislang nicht unbedingt als Vorlage für den nächsten Rosamunde-Pilcher-Schmachtfetzen. Turbulent, das beschreibt es vielleicht am besten, schicksalhaft noch besser. Aufgewachsen in Merced, Kalifornien (USA), habe ich schon als kleines Mädchen so manche Höhen, aber noch viel, viel mehr Tiefen erlebt. Nach dem Selbstmord meines Vaters lebte ich mit meiner deutschen Mutter und meinem amerikanischen Stiefvater in einer kleinen Stadt bei Merced. Nach außen hin waren wir eine ganz normale bürgerliche Kleinfamilie, die ihren »American way of life« lebte. Tatsächlich aber wuchs ich in einer Welt auf, die aus Schmerz und Enttäuschung gebaut war und jederzeit einzustürzen drohte. Mein einziger Halt: Jessica, meine beste Freundin. Wir verbrachten fast jeden Tag miteinander, machten all das, was junge Mädchen eben gemeinsam anstellen. Für mich aber war es nicht nur eine normale Freundschaft, sondern ein kurzzeitiges Entfliehen aus der schrecklichen Realität meines Elternhauses, das geprägt war von Gewalt und Grausamkeit.

Nach der Trennung meiner Eltern zogen meine Mutter, mein kleiner Bruder und ich nach Deutschland. Das weit entfernte und mir so unendlich fremde Land sollte mir, anders als von meiner Mutter geplant, jedoch kein besseres Leben bescheren. Freunde fand ich erst einmal so gut wie keine und schnell entwickelte ich enorme Abneigungen gegen alles und jeden – auch gegen mich selbst.

Mein Dasein wurde immer mehr zu einer Abfolge zahlloser unglücklicher Ereignisse, die 1996, ich war gerade einmal 19 Jahre alt, in einer schweren Fehlgeburt gipfelten, die mich fast mein Leben gekostet hätte. Vier Jahre später wurde ich wieder schwanger, und mit Sebastian trat mein ganz persönlicher Sonnenschein in mein Leben. Vieles schien sich wie von selbst zum Positiven zu wenden. Bis jetzt!

Je mehr ich in meiner Vergangenheit wühle, desto unruhiger werde ich. Ob meine Kollegin mit ihrer Theorie vielleicht doch recht hat? Egal, jedenfalls spüre ich plötzlich eine derartige Kraft in mir aufsteigen, die ich bis dahin noch nicht von mir kannte. Ich kann selbst fast nicht glauben, was ich in all den Jahren meines noch jungen Lebens bereits erleiden musste. Und noch weniger kann ich glauben, dass ich das alles überstanden habe und immer noch lebe. Da werde ich ja wohl das bisschen Krebs auch noch schaffen. Da ich nicht weiß, was nun alles auf mich zukommen und wie schlimm es noch werden wird, entscheide ich mich schweren Herzens, meinen kleinen Schnubbel Basti eine Zeit lang zu Robin und Oma Gerda zu geben. In dem großen Haus mit dem riesigen Garten wird es ihm gut gehen, da bin ich mir ganz sicher. Er soll auf keinen Fall sehen, wie ich leide. Das würde sein kleines Herzchen sicher nur schlecht verkraften können. Nein, das will ich auf keinen Fall! Ich fühle mich elend. Ist es die richtige Entscheidung, Basti bei seinem Papa und der Oma zu lassen? Er und ich getrennt, das geht doch einfach nicht.

Jessica redet mir gut zu. Ihr habe ich mittlerweile in endlos langen Telefonaten ebenfalls mein Leid geklagt, oh Gott, ich darf gar nicht an die Telefonrechnung denken. Auch sie hält es für das Beste, den Kleinen vor den Erfahrungen der schwierigen Zeit zu schützen, die mir zweifelsohne bevorsteht. Jessi ist es auch, die es schafft, mich von einem Onkologietermin zu überzeugen, den ich kurz darauf wahrnehme. Wenige Tage zuvor hatte mich meine Internistin schon einmal von meiner größten Angst befreit: Ich habe keine Metastasen im Körper – yeah!

Die Freude war allerdings nicht von langer Dauer und schlägt mit Betreten der Onkologie in ein seltsames Gefühl der Beklommenheit um. Es ist ein Trauerspiel. Einfach furchtbar. Ich will sie einfach nicht sehen, all die kranken Menschen, die traurig ihre Infusionsständer durch die endlos langen Krankenhausgänge schieben. Oder die vielen kahlen Köpfe, auf denen vielleicht bis vor Kurzem noch wunderschönes Haar gewachsen ist. Nein, all das will ich mir wirklich nicht antun, wohl aus Angst, selbst bald so zu enden. Nun bin ich aber hier, auch wenn meine Freundin mich regelrecht dazu zwingen musste. Und was soll ich sagen? Es ist genau das Bild, das mir meine Synapsen zuvor so detailgetreu angekündigt hatten, ein Bild des Grauens und unendlicher Traurigkeit.

Es dauert nicht allzu lange, bis ich ins Behandlungszimmer gerufen werde. Gedankenversunken nehme ich es kaum wahr, und meine Mutter, die mich begleitet, muss mich regelrecht zwingen, aufzustehen. Eine junge Ärztin, nur wenig älter als ich, begrüßt mich mit einem netten Lächeln, um mir gleich darauf schonungslos meine Situation vor Augen zu führen – mit der Wucht eines Boxhandschuhs: »Das sieht wirklich nicht gut aus, Frau von M. Als ich Ihren Befund gelesen habe, musste ich mich erst einmal mit einem Kollegen beraten, so etwas habe ich tatsächlich noch nie gesehen, zumindest nicht bei einer Patientin Ihres Alters!«

Bäm! – Das hat gesessen. Ich bin also etwas ganz Besonderes, wusste ich doch schon immer. Bringen aber tut mir das in diesem Fall wohl nichts, denn ich fühle mich schlagartig hundeelend. Wenn nicht einmal eine Frau, die Tag für Tag Krebspatienten behandelt, weiß, was sie mit mir anfangen soll, muss mein Schicksal ja quasi schon besiegelt sein.

Die Medizinerin merkt mir meine Unsicherheit an und macht endlich das, was sämtliche ihrer Kollegen zuvor versäumt haben. Sie erklärt mir *en détail,* was mit mir los ist, und macht mir klar, was das alles mit mir anstellen kann. Ich werde kleiner und kleiner, während ich ihr so zuhöre. Abklatschmetastasen, oh mein Gott, was bitte ist das?

»Alles, was der Tumor in unmittelbarer Umgebung berührt hat, kann Metastasen bilden«, erklärt sie mir, und ich spüre, wie mir erneut die Angst langsam über den Rücken hinunterkriecht. Ich bin also kontaminiert mit den Viren eines Tumors, obwohl mir fast dreieinhalb Zentimeter Gewebe entfernt worden waren. Super! Krass! Das alles sei derart selten und außergewöhnlich, dass sie sogar das Präparat aus der Pathologie in Mainz angefordert hätten, um es selbst noch einmal zu untersuchen. Sie habe es einfach nicht glauben können, ein Tumor in der Größe und der Stärke bei einer so jungen Frau wie mir!

Dass ihre Botschaften nicht unbedingt wie ein Beruhigungstee auf mich wirken, merkt sie schnell und präsentiert mir deshalb die vermeintliche Superlösung: eine Vulvektomie.

»Das ist ein operativer Eingriff, bei dem teilweise oder vollständig Schamlippen, Klitoris und weitere Teile des äußeren primären Geschlechts der Frau entfernt werden.«

Hab ich da gerade richtig gehört? Schamlippen und Klitoris entfernen? Die hat sie ja wohl nicht mehr alle. Weiß die eigentlich, was sie mir da sagt?

Ich könnte platzen vor Wut und will nur noch eines: raus! Wie von einer Tarantel gestochen springe ich auf, verlasse den Raum und lasse die Ärztin einfach sitzen. Wutschnaubend ziehe ich Mom am Arm Richtung Ausgang und kann einfach nicht glauben, was die mit mir vorhaben. Das wäre ja, als würde man einem Mann Schwanz und Hoden abschneiden. Nein, nicht mit mir. Dann sterbe ich lieber! Wie eine Planierraupe kämpfe ich mich raus ins Freie. Dass mir dabei der eine oder andere Krankenpfleger nur mit einem schnellen Sprung zur Seite ausweichen kann und auch der von mir umgestoßene Speisewagen nicht mehr zu retten ist, ist mir einfach egal. Hauptsache, ich bin raus. Raus aus diesem Elend, raus aus dieser schrecklichen Wahrheit.

Obwohl ich es mehr als deutlich gesagt habe und ich auch in den folgenden Tagen weiter wild entschlossen bin, nie wieder eine Klinik zu betreten, verfolgen mich die Ärzte nahezu rund um die Uhr. Immer und immer wieder klingelt mein Telefon, wovon ich mich lange Zeit nicht beeindrucken lasse. Bis ich die Sekretärin des Chefarztes an der Strippe habe, die mir erklärt, mein Fall sei Thema in der Tumorkonferenz gewesen, und der Herr Professor würde sich sehr freuen, mich zu sehen. Soso, der Herr Professor will mich also sehen. Muss ich denn erst ernsthaft krank werden, um vom Chef persönlich behandelt zu werden? Die können mich mal, denke ich und schalte auf stur.

Schnell kehren jedoch die Fragezeichen in meine Gedanken zurück und werden immer größer. Sollte ich mir vielleicht doch einmal anhören, was der gute Mann zu sagen hat? Immerhin ist er ja kein Unbekannter und ein ausgewiesener Experte auf seinem Gebiet, hat über Plattenepithelkarzinome an der Vulva sogar eine Studie geschrieben. Irgendwie ja doch spannend, denke ich mir, berate mich kurz telefonisch mit meiner Omi und Jessica, um mich wenig später auf dem Behandlungsstuhl von Klinikprofessor Hein wiederzufinden.

Meine persönliche Situation rückt dabei zunehmend in den Hintergrund, zu krass finde ich die Zweiklassengesellschaft, die mir von Sekunde zu Sekunde bewusster wird. Ist es fair, dass ich nun vielleicht die bestmögliche Behandlung bekomme, während sich andere mit dem Assistenzarzt zufriedengeben müssen? Nur weil mein scheiß Tumor zum Prestigefall taugt und dem Professor offenbar ganz gut in den Kram passt, soll ich plötzlich die Crème de la Crème der Behandlungen bekommen und an den Wartezimmern vorbei direkt in die Upperclass der Kranken aufsteigen? Nie habe ich vorher über eine Zweiklassengesellschaft und solche Dinge nachgedacht, doch jetzt fällt es mir brutal auf. Es widert mich an! Musste ich erst so schwer erkranken, um zu etwas Besonderem zu werden? Hat nicht jeder Mensch die besten Behandlungsmethoden verdient, egal, wie viel oder wie wenig er oder sie auf dem Konto hat?

Muss ich jetzt ein schlechtes Gewissen haben? Nein, denn auch bei meinem Glück im Unglück sollte es kein schnelles Happy End geben.

Mumu im Blitzlichtgewitter

Flash! Die Polaroidkamera blitzt zwischen meinen Beinen, und meine Mumu wird zum Fotomodel. Bin ich jetzt Pornostar, oder was? Irgendwie kann ich nicht wirklich glauben, was da gerade mit mir passiert. Der gute Herr Professor, der mit seinem weißen Rauschebart und dem kugeligen Wohlstandsbauch wunderbar auch als Kaufhausnikolaus eines billigen Hollywoodblockbusters durchgehen würde, tobt sich froh und munter zwischen meinen Beinen aus, schießt fleißig Fotos und malt mit einem dicken schwarzen Filzstift auf meiner Haut herum, als wolle er sich mit Picasso im Schnellzeichnen messen. Ich weiß nicht, ob ich lachen oder weinen soll, und entscheide ich mich für Ersteres, wie ich es häufig in peinlichen oder unangenehmen Situationen tue.

Wer weiß, wozu die ganze Sache gut ist, der Professor jedenfalls wirkt keine Sekunde auch nur ansatzweise so angespannt, wie ich mich, eingepfercht in den Frauenarztstuhl, fühle. Ganz im Gegenteil. Beinahe euphorisch kommt er mir vor, und das macht mir Angst. Okay, seine junge Kollegin hatte mir ja schon gesteckt, dass selbst er so etwas noch niemals gesehen habe, zumindest nicht bei einer Patientin meines jungen Alters. Es kann ja durchaus möglich sein, dass er mir das Leben rettet, wenn ich ihm als Versuchskaninchen zur Verfügung stehe – oder nennen wir es lieber Wissenschaftskaninchen, damit kann ich besser leben. Es ist auf jeden Fall so etwas wie eine Win-win-Situation in meinem Kampf gegen den Krebs, da bin ich mir mittlerweile ganz sicher. Vielleicht beschließe ich auch deshalb, meinen Groll beiseitezuschieben und einfach mal die nette Myriam rauszulassen.

Während ich so da liege und die Prozedur über mich ergehen lasse, mache ich also gute Miene zum bösen Spiel und versuche krampfhaft, ein freundliches Lächeln aufzusetzen. Schlechter Plan, denn das nimmt Mister Superdoktor zum Anlass, mich gleich mal so richtig derb und fast schon oberlehrerhaft abzuwatschen: »Meine liebe Frau von M., jetzt ist aber mal gut, Sie wissen schon, dass Sie eine ernst zu nehmende Erkrankung haben und daran sterben können?«

Bäm! – Und wieder eine in die Fresse!

Was erwartet der denn bitte von mir, dass ich anfange zu weinen? Pah, den Gefallen tue ich ihm garantiert nicht. Da ich ja ganz nebenbei auch noch eine Borderline-Patientin bin, kommt so etwas gerade mal gar nicht bei mir an. Da mache ich direkt zu, baue eine Mauer um mich herum auf und lasse einfach alles an ihr abprallen. Aber innerlich sieht es natürlich ganz anders aus, und ich denke nur: FUCK!

Mir wird bewusst, dass ich die ganze Geschichte vielleicht doch nicht einfach so auf die leichte Schulter nehmen sollte, nicht nur wegen mir, ich habe schließlich auch eine Verantwortung gegenüber meinem Kind. Für voll nehme ich den Professor dennoch nicht, kann oder will nicht begreifen, wie schlimm es in Wahrheit um mich steht. Er schlägt eine linksseitige Vulvektomie vor mit einer sentinellen Lymphknotenbiopsie. Eigentlich schlägt er es mir nicht vor, er macht schon ziemlich deutlich, dass ich im Grunde keine andere Wahl habe. Die Vulvektomie hat mich ja schon einmal zum fluchtartigen Verlassen eines Arztzimmers verleitet, nun aber ist es mehr die Erklärung der Biopsie, die mich erschaudern lässt. Da wollen die mir doch tatsächlich irgendwelches radioaktives Zeug spritzen, um zu schauen, welche Lymphknoten empfänglich sind für die verdammten Tumorzellen, die sich vielleicht noch rund um die Operationsstelle tummeln. Immerhin verspricht er mir im gleichen Atemzug, dass meine Klitoris erhalten wird. Dem Himmel sei Dank, ein bisschen Sexualleben will ich mit meinen 25 Jahren dann ja schon noch haben – irgendwann zumindest wieder, denn im Moment ist daran nicht zu denken, weder körperlich, noch seelisch.

Sein Vorschlag klingt für mich okay, könnte man versuchen. Er wolle mich natürlich auch höchstpersönlich operieren und knüpft das an nur eine einzige Bedingung: Es sollen Studenten während des Eingriffs dabei sein dürfen.

»Who cares?«, denke ich mir, auf die paar Gestalten mehr oder weniger kommt es auch nicht mehr an, schließlich liege ich ja schon jetzt völlig nackt und breitbeinig vor einem alten Mann, den ich mehr oder weniger bereitwillig Fotos schießen lasse – von meiner Mumu. Noch mehr bloßgestellt kann man wohl kaum werden.

»Es stört Sie jetzt aber nicht, dass ich das hier dokumentiere«, unterbricht er die unangenehme Situation und bekommt die Antwort, die mir vielleicht den Weg zur lebensrettenden Operation ebnet:

»Nein, absolut nicht, immer zu!«

Längst stecke ich ganz tief drin im Leck-mich-am-Arsch-Modus, anders wäre das wohl kaum auszuhalten. Natürlich ist es mir unangenehm. Ja, ich schäme mich sogar, doch ist mir auch klar, dass es sein muss. Aber noch will ich die OP nicht. Erst einmal werde ich das bevorstehende Weihnachtsfest genießen – wer weiß, wie viele ich noch haben werde.

Professor Hein entlässt mich mit einem Termin für Januar in das zweifelsohne unweihnachtlichste Weihnachten meines Lebens. Die dicke Pute, die ich normalerweise am liebsten schon während ihrer Garzeit direkt aus dem Bräter im Ofen verspeise, lässt mich diesmal völlig kalt. So auch die Lichter am und die Geschenke unterm Weihnachtsbaum. All das, was ich sonst so sehr liebe, hat für mich seine Schönheit verloren. Nur die Zeit mit meinem kleinen Basti, die genieße ich in vollen Zügen. Ich überschütte ihn mit Geschenken, wir spielen und kuscheln, er soll nicht merken, dass dieses Weihnachten für seine Mama ein Horrorfest ist.

Der nahende OP-Termin wächst immer mehr zum bedrohlichen Ungeheuer heran, das in meinen Gedanken eine wilde Party feiert und keinen Platz lässt für *Silent Night* und *Jingle Bells*, für Familienidylle unterm Mistelzweig oder all den anderen Christmas-Kitsch. Harmonie wird zu Melancholie, die schönste zur grausamsten Zeit des Jahres.

Auch Silvester löst in mir nicht gerade ein strahlendes Stimmungsfeuerwerk aus. Gute Vorsätze fürs neue Jahr fallen mir unheimlich schwer, wer weiß, ob ich sie überhaupt noch umsetzen kann. Ich katapultiere mich in einen ausgewachsenen Zukunftsblues, der als grandioses Finale nur einen Ausweg kennt: das Absagen der Operation!

Arschlöcher sind penetrante Biester

Ein Dreivierteljahr habe ich mittlerweile damit vergeudet, vor allem davonzulaufen. Zeit, in der ich mich erfolglos im Verdrängen und Vergessen versucht habe.

Bin ich eigentlich wahnsinnig? Besser noch lebensmüde? Da wird mir die potenzielle Lösung meines Problems auf dem Silbertablett serviert, und ich blöde Kuh habe nichts Besseres zu tun, als alles zu packen und an die Wand zu klatschen. Ich habe mich von meinem Angstmonster in die Knie zwingen und in die düsterste Ecke meiner Gedanken drängen lassen. Geht's noch?

Selbst von Robin, der mir noch immer sehr wichtig ist, habe ich mich durch meine verschlossene Art immer weiter entfernt, bis wir uns schließlich endgültig trennten.

Myriam, wach endlich auf! Es ist schlicht und ergreifend nicht möglich, ein derart großes Arschloch wie den Krebs einfach so aus seinem Leben zu kicken. Arschlöcher sind penetrante Biester. Ich schaffe das alles nicht, schon gar nicht allein. Auch wenn der

Tumor selbst weg ist, heißt das noch lange nicht, dass alles paletti ist.

Langsam wird mir nicht nur die Bedrohlichkeit der vielleicht noch vorhandenen Krebsüberbleibsel bewusst, sondern auch die möglichen Konsequenzen meines krassen Fehlverhaltens. Ja klar, es könnte alles gut gehen, doch spiele ich nicht fast schon eine Art Russisch Roulette mit meinem eigenen Körper? So hatte es Jessica zumindest immer und immer wieder bezeichnet, wenn sie in unseren Telefonaten versucht hat, mich endlich zur OP zu drängen.

Die zurückliegenden Monate waren der absolute Albtraum. Damit muss jetzt Schluss sein, und so entscheide ich mich – besser spät als nie – zur Operation.

Als sie unmittelbar bevorsteht, geht es mir schrecklich. Die letzte Nacht zu Hause im Bett ist der pure Horror. An Schlaf ist nicht zu denken. Ich schwitze und friere zugleich, denke an verstümmelte Geschlechtsteile und in letzter Konsequenz natürlich auch an ein Misslingen des Eingriffs. Ich will verdammt noch mal meine Vulva nicht verlieren. Und: ICH WILL LEBEN! Leben für und mit meinem Sohn. Wie sehr ich ihn doch vermisse, den kleinen Fratz. Ich weiß, dass er bei seiner Oma und Robin im Moment ganz klar besser aufgehoben ist, doch ich hätte ihn so gern immer um mich herum. Er ist es, der mir Energie gibt. Kraft, um die ganze Krebsscheiße irgendwie zu ertragen. Basti fehlt mir.

Tiefer und tiefer denke ich mich in Frust und Panik hinein. Die Angst hat mich fest im Griff und lässt erst ein wenig nach, als ich am nächsten Morgen im Krankenhaus ankomme.

Die Schwestern begrüßen mich mit einem Lächeln. Klar, die haben ja auch nicht mein Problem. Nein, sie können aber auch nichts dafür und hätten es nicht verdient, wenn ich nun mein fast platzendes Frustpaket über ihnen ausschütten würde. »Myriam, reiß dich zusammen«, rede ich mir selbst gut zu, lasse mir bereitwillig mein Zimmer zeigen und schlüpfe ganz brav in die sexy Klamotten, die sie mir unter die Nase halten: tristes OP-Hemd, very sexy Thrombosestrümpfe und ein Netzschlüppi, der einfach nur zum Schreien ist.

Ich bin die Erste auf dem OP-Plan. Weniger, weil ich so wichtig und toll bin, nein, wohl eher wegen der geplanten Länge des Eingriffs, schließlich wird mir nicht mal fix der Blinddarm entfernt oder eine Knochenfraktur gerichtet. Als der Narkosearzt kommt und mir einen Zugang für all die Infusionen legt, die mich glücklicherweise auf direktem Weg ins Land der Träume befördern sollen, wird mir klar: Jetzt gibt es kein Zurück mehr. Mein Bett beginnt zu wackeln, so sehr muss ich zittern. Mir geht es richtig dreckig, und zu allem Übel muss ich da auch noch allein durch, zum Händchenhalten ist nämlich niemand da. Ich will nicht jammern, schließlich wollte ich es ja so. Niemand, wirklich niemand soll mich, die starke Myriam, so sehen. Ein zusammengekauertes Häufchen Elend, das am liebsten ein ganzes Glas der Leck-mich-am-Arsch-Pillen gefuttert hätte – die eine nämlich, die ich bekommen habe, will und will einfach nicht wirken. Wo sind sie, die rosaroten Elefanten, die durchs Krankenhaus fliegen und mich retten? Wo bleibt es, das Gefühl, in einer purpurnen Wolke aus Watte zu versinken?

Panik macht sich breit. Ich schreie nach meiner Mutter, doch sie kommt nicht. Über mir sehe ich die grellen Neonröhren der Krankenhausflure hinwegrasen, die Schwestern scheinen mein Bett immer schneller Richtung OP-Saal zu schieben. Kein Wunder, ich hätte Panik-Myriam an deren Stelle auch nicht länger ertragen wollen. In der Schleuse angekommen, werde ich umgebettet und an jenes Team übergeben, welchem ich mich nun hilflos ausgeliefert sehe. Die Eiseskälte, die der sterile Saal auf mich ausstrahlt, macht mir irgendwie noch mehr Angst. Mein Herz pocht, als wolle es in unzählige Teile zerplatzen. Es rast unaufhörlich. Meine Atmung gleicht der eines Spitzensportlers, der gerade einen Marathon in Rekordzeit gelaufen ist. Nur meine Gedanken, die laufen mittlerweile in Zeitlupe.

Wie in Trance nehme ich wahr, dass sich der OP-Tisch nach hinten neigt, meine Beine hoch in die

Luft ragen, weit auseinandergerissen und an zwei Stützen festgeschnallt werden. Unter der grünen OP-Decke bin ich jetzt nackt. Ich bin den Operateuren samt wissbegieriger Studentenschar gnadenlos ausgeliefert – ein demütigendes Gefühl, einfach krass. Auch meine Arme werden auf beiden Seiten fixiert und mit unzähligen Kabeln und Schläuchen verbunden. Oh Jesus! So muss sich der Sohn Gottes am hölzernen Kreuz gefühlt haben, denke ich mir, während ich meinem im Technobeat wummernden Herzen über einen Monitorlautsprecher lausche, dessen kleine Lämpchen die passende Lichtershow liefern.

»Ach Mensch, das Herzlein rennt ja. Keine Sorge, das haben wir gleich. Alles wird gut«, versucht mich der wirklich liebe Anästhesist zu beruhigen, spritzt mir irgendetwas, und im Nu bin ich weggebeamt. Alles fühlt sich plötzlich ganz weit weg an, nur die rosaroten Elefanten und die purpurne Wattewolke nicht, die kommen immer näher. Meine Ängste versuchen, sich noch einmal mit aller Macht aufzubäumen. Ich will schreien, aber nichts geht mehr. Alles ist schwarz …

Irgendwann werde ich wieder wach. Völlig verwirrt. Wieder friere ich, Schmerzen habe ich glücklicherweise keine. Um mich herum surren unzählige Geräte, neben mir liegt eine ältere Frau, die unaufhörlich vor sich hin stöhnt und jammert.

»Na, da sind Sie ja wieder«, ruft mir eine Pflegerin zu, während ich erst mal die unzähligen Schläuche und Kabel inspiziere, die überall an meinem geschwächten Körper baumeln. Bewegen kann ich mich noch nicht richtig. Ich versuche es dennoch, aber nicht einmal mein Kopf will sich auch nur ansatzweise vom Kissen heben – alles scheint unendlich schwer. Ich habe kein Gefühl für irgendetwas, weder für Zeit noch für Schmerz, und mein Bewusstsein driftet kurzerhand wieder weg.

Es ist ein schrecklicher Schmerz, der mich kurz darauf in die Realität zurückholt. Fuck! Lauthals schreie ich das Aufwachzimmer zusammen. Mein Gott, ich wusste bis dahin gar nicht, was für ein kräftiges Organ in mir schlummert. Sofort eilt eine Ärztin zu mir und ballert mich mit einer ordentlichen Dosis Schmerzmitteln zu. Es ist nicht auszuhalten. Aus purer Verzweiflung greife ich nach ihrer Hand und flehe sie an, mir zu helfen. Egal wie, Hauptsache, es geht schnell. Unaufhörlich redet sie auf mich ein, doch ich kann ihr nicht folgen. Ich verstehe sie nicht, sehe nur, wie sie eine Spritze in die über mir baumelnde Infusion sticht und mich so zurück ins Dunkel katapultiert.

Alles schwarz, schon wieder, bis ich irgendwann aufwache. Nun bin ich nicht mehr im Aufwachraum, sondern auf meinem normalen Krankenzimmer. Ich freue mich riesig, als ich mich umschaue und neben mir in die großen Rehaugen meiner allerliebsten Freundin Jessica blicke. Träume ich? Kann das wahr sein? Es ist wahr, und ich kann es echt nicht fassen: Die Gute ist doch tatsächlich extra von Amerika rübergeflogen, um mir nun beizustehen. Doch ihre ansonsten so strahlenden Augen wirken traurig. Klar, so hat sie mich schließlich noch nie gesehen.

Ich bin schwach und unendlich müde. Die Schmerzen sind Gott sei Dank weg, das beruhigt mich ungemein. Auf die Frage der Schwester, wie ich mich denn fühle, kann ich nicht wirklich antworten zwischen all den Drainagen, Infusionen, Schläuchen und Geräten. Ich fühle mich wie eine Geisel meines eigenen kranken Körpers. Ausreißen? Unmöglich, selbst wenn ich es wollte, ich bin viel zu schwach. Jessica steht mir bei, das gibt mir in dieser surrealen Situation ein enormes Gefühl von Geborgenheit, mit dem ich getrost immer wieder wegdösen kann, bis eine Ärztin kommt und mir berichtet, was in den vergangenen Stunden passiert ist.

Tatsächlich waren es Stunden, die ich im Operationssaal verbracht habe. Unglaublich, nichts aber auch wirklich nichts habe ich davon mitbekommen. Es habe Komplikationen gegeben, erzählt sie mir. Ich hätte »super viel« Blut verloren, weshalb auch eine Transfusion nötig war und innen drin tamponiert werden musste, um entsprechenden Druck auf die Wunden auszuüben. Während sie mir das so alles berichtet, merke ich, dass all die schrecklichen Dinge nicht bei mir ankommen wollen. Ich nehme Jessicas Hand und drücke sogleich wieder meinen inneren Ausschalter. Weg, einfach nur weg mit all dem Mist.

Als die Schmerzen zurückkehren, lässt sich allerdings nichts mehr einfach so wegdrücken. Hölle, so muss es sich anfühlen, wenn man bei lebendigem Leibe verbrannt wird. Alles zwischen meinen Beinen tut einfach nur sauweh. Ich denke nicht mal daran, mich auch nur von der einen auf die andere Seite zu rollen. Einfach nur megabreitbeinig im Bett liegen, nichts anderes geht.

Immer und immer wieder bettele ich um Schmerzmittel, bekomme auch etwas, doch es wird und wird nicht besser. Die Lösung: Morphium! Der Schmerz wird besser, mir dafür kotzübel. Auch das ist uncool, denn ich muss mich sofort übergeben. Es ist nicht auszuhalten, gigantische Anstrengung, ich rechne jede Sekunde damit, dass mein kompletter Unterleib in Millionen Teile zerplatzt. Brutal! Es kostet mich unendlich viel Kraft, und irgendwann verfluche ich das Morphium, spätestens dann, als die Schmerzen zurückkommen.

Am Abend haben die Ärzte dann eine grandiose Idee und entscheiden sich für die Brechstange: Periduralanästhesie. Sie rammen mir einen Katheter in die Wirbelsäule, über die nun die rettenden Schmerzmittel auf direktem Weg in meinen Körper fließen, der sein komplettes Gefühl verliert – ich bin quasi querschnittsgelähmt. Mir egal, Hauptsache, diese verdammten Schmerzen sind endlich weg!

Dass mir die Ärztin spätabends netterweise noch mitteilt, sie wolle am nächsten Morgen nach meiner Wunde sehen, wirkt nicht unbedingt förderlich auf meinen Schlaf, doch Jessi verspricht mir, dass sie dabei sein wird. Die Nacht ist dennoch brutal für mich, an Schlaf ist kaum zu denken. Aber was soll's, um sechs Uhr dreißig platzen eh schon wieder die Schwestern herein. Zähne putzen, waschen – nichts geht allein, bei allem muss mir geholfen werden. Krass, da bin ich doch tatsächlich zum Pflegefall geworden.

Nach dem Frühstück lässt sich dann auch endlich der große Meister blicken, Professor Hein, der mir das hier alles eingebrockt hat.

»Wie ist denn unser wertes Befinden?«, will er von mir wissen.

Hat der den Donner nicht gehört, oder was? Als er sich meine Wunde anschauen will, würde ich ihn am liebsten mit einem gezielten Schuss zwischen die Beine wissen lassen, wie ich mich fühle. Aber selbst wenn ich schießen könnte, würde ich ihn sicher nicht ansatzweise treffen, so sehr zittere ich schon wieder vor lauter Angst. Gott sei Dank ist Jessica mittlerweile da und hält mir ganz fest die Hand.

Wie werde ich da unten wohl aussehen? Was wird noch da sein, was nicht? Oh Mann, die Angst versorgt mein Kopfkino mit den allerfeinsten Horrorbildern, während eine Schwester vorsichtig mein sexy Netzhöschen zerschneidet und die Bilder bittere Realität werden. Blut, überall Blut, gemischt mit Jod. Mein kompletter Unterleib sieht aus wie eine Schlachtbank, auf der gerade ein armes Schwein zu Schnitzeln verarbeitet wurde. Ich muss meine Beine spreizen und anwinkeln, jede Minibewegung kostet mich große Überwindung, so höllisch tut alles weh, habe ich doch schon seit ein paar Stunden kein Medikament mehr nachgespritzt bekommen. Gepaart mit dem Gefühl des völligen Ausgeliefertseins, stecke ich in einer Situation, die ich meinem ärgsten Feind nicht wünschen würde.

Untenrum nun komplett nackt, gebe ich breitbeinig den Blick in die tiefsten Tiefen meiner Intimität frei, und fünf Paar Augen starren auf meine Muschi. Der Herr Chefarzt hat natürlich seine Studenten wieder mitgebracht, für die ich ja so etwas bin wie ein Wunder der Medizin. Hoffentlich fragt mich jetzt niemand nach meinem Befinden, derjenige würde danach nämlich garantiert keine Freude mehr am Leben haben. Ich allerdings auch nicht, denn als der Verband ab ist, fange ich direkt an zu weinen – nicht nur vor Schmerzen, sondern auch vor Demütigung. Während Professor Hein im zum Hörsaal umfunktionierten Krankenzimmer munter über mich – sein Wissenschaftskaninchen – referiert, fühle ich mich eher wie ein Anschauungsobjekt und nicht mehr wie ein Mensch.

»Wir haben hier eine linksseitige Vulvektomie durchgeführt und die inneren wie äußeren Schamlippen, Teile des Vaginalkanals sowie des Damms entfernt. Soweit ich das beurteilen kann, ist der Bereich nun gesäubert.«

Aha, immerhin bin ich gesäubert, was auch immer das bedeuten mag. Hinschauen will ich eigentlich nicht, doch ich muss. Ich verlange gegen den Rat des Arztes einen Handspiegel, warten ist nämlich nicht gerade meine Königsdisziplin, und Jessis Anwesenheit gibt mir den nötigen Mut. Viel sehe ich nicht, der Spiegel vibriert förmlich in meiner zitternden Hand. Was ich erkenne, ist furchterregend: blau, dick, verquollen, blutig und zu allem Überfluss kommt mitten raus auch noch ein Schlauch. Ich könnte schreien vor Ekel, 176 Stiche in mehreren Schichten entlang der Nähte tun ihr Übriges und können nicht davon ablenken, dass auf der linken Seite einfach nichts übrig geblieben ist – NICHTS! Große, große Leere. Tränen kullern über meine Wangen. Ich komme mir schmutzig vor, missbraucht. Meine komplette Weiblichkeit ist mir geraubt worden. Das bin nicht mehr ich!

»Ich weiß, es sieht schlimm aus«, sagt der Professor und will mir gut zureden.

Dazu lasse ich es nicht kommen, ich bin zu sehr von Hass erfüllt. Auch wenn er mir ja eigentlich geholfen hat, kann ich im Moment nicht dankbar sein. »Was würden Sie denn sagen, wenn man Ihnen einfach mal Ihren Penis senkrecht halbieren würde?«

Eine Antwort bekomme ich nicht.

Raus aus meinem Körper

Ich bin wieder mir selbst überlassen. Nur ich und meine Gedanken. Allein. Jessi ist schon wieder auf dem Weg zum Flughafen, sie hatte tatsächlich für nicht mal zwei Tage die weite Reise auf sich genommen, mehr Urlaub hat sie nicht bekommen. Ich könnte heulen, so sehr rührt es mich, dass ich eine so wunderbare Freundin habe. Doch nun ist sie weg, und meine Stimmung ist nach der Visite verständlicherweise am Boden, wozu sicher auch die kühle Tristesse meiner Umgebung beiträgt. Schön ist hier nichts, ein Mix aus Bundeswehrgrün und schmutzigem Gelb – siebzigerjahre-hässlich, einfach nur deprimierend.

Ich fühle mich missbraucht, auf derbste Art und Weise missbraucht. Das Gefühl kommt mir irgendwie bekannt vor, denn ich spüre es nicht zum ersten Mal. Es begleitet mich seit meiner Kindheit, eine Mischung aus sich schmutzig fühlen und im Erdboden versinken können, als wären Dinge mit mir passiert, die so nicht hätten passieren dürfen. Dinge, die ich vielleicht besser nicht wissen sollte – oder nicht mal wissen möchte.

Dinge, die mich zur Meisterin im Verdrängen haben werden lassen – mein Leben lang.

Und doch stelle ich mir nun die Frage: Was ist geschehen, dass ich nur noch rauswill aus meinem Körper und ganz weit wegrennen, nie wieder zurückkommen möchte? Und damit meine ich nicht die letzten Tage. Das beklemmende Gefühl zieht mich ganz weit zurück in die Vergangenheit, zurück in meine früheste Kindheit. Oft habe ich angesetzt, die in mir vergrabenen Ereignisse aufzuarbeiten. Ich weiß nur: Da war etwas, das mir mein Leben lang Angst gemacht hat und noch immer Angst macht. Das Gefühl, einmal sexuell missbraucht worden zu sein, lässt mich einfach nicht los. Allein die Vorstellung ist derart grässlich, dass ich jenes frühe Kapitel meines Lebens immer wieder zugeklappt habe, sobald es anfing, sich in meiner Erinnerung zu konkreten Bildern zu formen. So mache ich es jetzt auch!

Meine Gedanken kreisen weiter. Mir wurde das Intimste genommen. Ich fühle mich gedemütigt, in meiner Würde und als Frau. Ich denke mir nur noch: »Lieber Gott, was habe ich nur verbrochen, dass ich all das durchmachen muss? Warum ausgerechnet ich?«

Je länger ich darüber nachdenke, desto mehr drängt sich mir die Frage auf: Warum eigentlich nicht ich? Ich bin auch nur ein Mensch wie jeder andere. Ich bin nichts Besonderes, habe es somit nicht mehr, aber auch nicht weniger verdient. Sicherlich wünscht man niemandem Krebs an den Hals, aber wenn ich ganz ehrlich bin, finde ich schon, dass ein Schwerverbrecher, ein Kindesvergewaltiger etwa, all das Leid eher verdient hätte als ich. Aber geht es wirklich darum, wer etwas verdient? Verdienst – ist das nicht eigentlich etwas Positives? Der Lohn für eine Leistung, die Anerkennung einer besonderen Fähigkeit?

Wenn ich es von dieser Seite aus betrachte, kann ich mich durchaus mit dem Gedanken anfreunden, dass Gott, oder welche höhere Macht auch immer, sich für besonders großes Leid exakt die Menschen aussucht, die besonders viel Kraft besitzen, um dieses auch durchzustehen und im Idealfall vielleicht sogar daran zu wachsen.

Nanu, übe ich mich hier etwa gerade in positiven Gedanken? Ist das ein Geistesblitz oder vielleicht sogar eine Eingebung, meine Krankheit als Chance zu begreifen? Vielleicht – wären da nicht die unendlichen Schmerzen, die mich immer wieder unsanft ins Tal des Jammerns zurückholen.

Es dauert eine ganze Weile, bis ich mich an das fortwährende Pochen und Stechen in meinem Unterleib gewöhnt habe und den Schmerz fast schon als Normalzustand akzeptiere. All die Pillen, Infusionen und Spritzen, die längst zu meinen treuen Begleitern geworden sind, helfen mir dabei und werden mit der

Zeit zu meinen Verbündeten, wenn es darum geht, den Blick nach vorn zu richten. Doch es sind nicht die Pillen allein, auch meine liebe Oma baut mich während ihrer Besuche im Krankenhaus immer wieder auf. Bis ich mit einem Mal einen extremen Drang danach verspüre, die Dinge wieder selbst in die Hand zu nehmen. Wenn diese Mini-Krebszelle glaubt, mich in die Knie zwingen zu können, hat sie sich verdammt noch mal geschnitten. Theoretisch gesprochen klingt das erst einmal gut, erweist sich in der Praxis dann aber doch als nicht ganz so easy.

Nachdem ich meine Beine wieder bewegen kann, soll und will ich nach einer gefühlten Ewigkeit endlich wieder aufstehen. Gedanklich sehe ich mich schon wieder Purzelbäume schlagen. Also schnell raus aus dem scheiß Krankenbett und rein ins aktive Leben. Power-Myriam is back!

Schön wäre es gewesen, doch schon beim Aufrichten im Bett, bei dem mir eine Schwester helfen muss, wird mein kurzzeitiger Anflug von Euphorie direkt wieder im Keim erstickt. Ein fürchterlicher Druck entlang der Operationsnarbe lässt für einen kurzen Moment einen dicken schwarzen Vorhang vor meinen Augen herabrollen. Wow, das geht ja mal gar nicht! Bin ich eigentlich bescheuert, die mir angebotene Zusatzportion Schmerzmittel abzulehnen?

»Dumme Myriam, hör endlich auf, immer die Starke markieren zu wollen«, denke ich mir, als ich wimmernd auf einer Pobacke am Bettrand sitze und mein Kreislauf mal eben meint, mich alleinlassen zu müssen. Aber ich will, dass er bei mir bleibt. Ich will nämlich verdammt noch mal aufstehen, und dafür brauche ich ihn. Ich beiße die Zähne zusammen, klammere mich an die Schwester, atme einmal tief durch, schließe die Augen und hieve mich, ich weiß nicht, wie, aus dem Bett. Blitzartig schießt ein gewaltiger Schmerz durch meinen gesamten Körper und ein Meer aus Tränen in meine Augen. Was auch immer es ist, was ich da gerade fühle, es ist nur schwer auszuhalten. Ich habe den Eindruck, es reißt mich in zwei Teile. »Schauen Sie mir ins Gesicht, schauen Sie nicht nach unten«, redet die aufgeregte Schwester immerzu auf mich ein.

Ich fixiere ihren Blick, schaue dennoch schmerzverzerrt durch sie hindurch. Wieder kullern Tränen, jetzt aber vor Freude. Ich stehe, breitbeinig und etwas wackelig zwar, aber ICH STEHE. Ich habe es geschafft, der erste Schritt ist gemacht, und ich bin megastolz auf mich! Die Belohnung folgt auf dem Fuße, als es klopft, die Zimmertüre sich einen Spalt weit öffnet, durch den mich mit einem neckischen Grinsen Basti anstrahlt. Meine Mom hat ihn mitgebracht und mir damit die wohl größte Freude gemacht, die ich mir in diesem Moment hätte vorstellen können. Der kleine Fratz hat mir so gefehlt, ich würde am liebsten gar nicht aufhören, ihn zu knuddeln. Danke, Mom, jetzt kann es ja nur noch aufwärtsgehen!

Und tatsächlich: Die Wunden heilen spür- und sichtbar, auch meine Psyche spielt mir langsam, aber sicher nicht mehr ganz so übel mit wie in den vergangenen Tagen. Von Kathetern und sonstigen Kabeln und Schläuchen befreit, kann ich mit der Zeit sogar wieder selbstständig auf die Toilette gehen. Was für eine Befreiung, den Arsch nicht mehr von den Schwestern abgewischt zu bekommen. Dafür schiebe ich mich doch nur zu gern mit dem Rollator ein paar Meter weit zum kleinen Badezimmer, um mich ganz vorsichtig auf die Schüssel zu setzen. Hightech statt Bettpfanne, kann ich nur sagen, denn das WC ist nicht nur mit angenehmen Polstern ausgestattet, sondern auch mit einem ausgefeilten Technikkonzept – extra für Patientinnen wie mich. Sanfte Po-Reinigung mittels Wasserbrause auf Knopfdruck, selbiges gilt für die anschließende Trocknung per Heißluft. Wow, das nenne ich Patientenluxus, den ich tatsächlich am liebsten mitgenommen hätte, als es wenige Tage später gen zu Hause geht. Dort angekommen, habe ich allerdings sehr schnell ganz andere Sorgen ...

Leer. Bestohlen. Beraubt.

Was ist bloß schon wieder los mit mir? Kaum bin ich zurück in meinen eigenen vier Wänden und körperlich endlich auf dem Weg der Besserung, da haben meine kleinen Psychomonster auch schon völlig unbemerkt zu einer wahnsinnigen Achterbahnfahrt der Gefühle angesetzt, in der sie munter mit mir bergauf und bergab fahren, einen Looping nach dem anderen drehen und mich bis zum Umfallen durchschütteln. Ganz ehrlich, umfallen ist das richtige Wort, um meine aktuelle Situation zu beschreiben. Immer tiefer geht es für mich Richtung Abgrund, und ich kann gar nicht wirklich sagen, warum.

Dass ich nach der OP und den Tagen im Krankenhaus nicht unbedingt mit einem Dauergrinsen durch die Welt schweben würde, darauf war ich ja gefasst gewesen. Aber dass ich in einem der schwärzesten Psychoalbträume meines Lebens landen würde, hatte nicht auf meinem Plan gestanden. Und außerdem fehlt mir Basti, mein kleiner Schnubbel, von Tag zu Tag mehr. Nun ist es aber so, und ich hocke in meiner Höhle, die zunehmend zum Vakuum wird. Alles erscheint mir so sinnlos und traurig, wer will schon etwas mit einer Frau zu tun haben, die ihrer Weiblichkeit beraubt worden ist? Exakt so fühle ich mich. Leer. Bestohlen. Beraubt.

Daran ändert auch die erste Nachuntersuchung Anfang 2004 nichts, die etwa drei Monate nach der Operation durchaus positiv ausfiel. Ich schlittere immer weiter hinein in die Depression, anstatt mich nun auf die bevorstehende Wiederherstellungs-OP zu freuen, die mir irgendwann, vielleicht in fünf oder sechs Monaten, zumindest ein Stück meiner Weiblichkeit zurückbringen könnte. Richtig schlecht geht es mir erst recht, als das nächste Unglück in mein Leben platzt: der Tod meiner Oma.

Gerade hatte ich noch gemütlich mit ihr zusammengesessen und über die nahende Wiederherstellungsoperation gesprochen, als mich – kaum zu Hause angekommen – der Anruf ereilt.

»Myriam, komm schnell, die Oma liegt tot auf der Couch.«

Es ist unser langjähriger Hausarzt, der mir aus dem Nichts die Horrornews überbringt. Für mich bricht eine ganze Welt zusammen. Ich bin wie gelähmt. Mein Herz bleibt für wenige Sekunden stehen, um direkt in ein panisches Rasen umzuschalten, das mir mein Blut in den Kopf schießen lässt. Mein Handy knallt auf den Boden, als ein gigantischer Schrei aus mir herausbricht – so laut, dass mein Nachbar bei mir klopft und fragt, ob alles in Ordnung sei.

»Neeeiiin, nichts ist in Ordnung! Meine Oma ist gestorben.«

Ich raste völlig aus, habe plötzlich trotz meiner körperlichen Situation eine unglaubliche Power, schlage um mich und fange an zu weinen. Obwohl ich unter Schock stehe, weiß ich eines ganz genau: Nun bin ich allein. Mutterseelenallein. Für immer.

So lange ich denken kann, war meine Oma stets meine wichtigste Bezugsperson. Warum? Das ist ganz einfach: Oma war der einzige Mensch, von dem ich mich jemals ernsthaft geliebt fühlte. Sie war diejenige, die mir das Gefühl gab, wertvoll zu sein. War ich traurig, war sie diejenige, die mich in den Arm nahm und tröstete. Wie beschissen es auch lief, sie war immer mein Rettungsanker. Und der ist nun weg. Fast fühlt es sich an, als sei mit ihr ein Teil von mir selbst gegangen.

Ich bin so unendlich traurig, denn ich weiß genau, dass Oma nicht wiederkommen wird. So wie früher, wenn sie uns einmal im Jahr im Sommer in den USA besuchen kam und nach anderthalb Monaten wieder fuhr. Dann schlief ich noch wochenlang in ihrem Bett – einfach nur, weil es so wunderbar nach ihr gerochen hat. Hätte meine Mutter frische Bettwäsche aufgezogen, hätte ich ganz sicher das ganze Haus zusammengeschrien. Oma war einfach mein Goldstück, mit ihrem Geruch in der Nase war ich immer gleich ruhiger, fühlte mich sicher und geborgen, einfach nur wohl.

Ein Gefühl, das ich bei meiner Mutter nicht immer hatte, zumindest nicht als kleines Mädchen. Ich weiß, es klingt traurig, aber so ist es nun einmal. Das soll auf keinen Fall heißen, dass ich was gegen meine Mom habe. Ganz im Gegenteil, ich liebe sie sehr, keine Frage, nur eben anders. Ich kann es nicht wirklich beschreiben, vielleicht liegt es daran, dass ich schon als Mini-Myriam zeitweise der Meinung war, ich müsse sie beschützen. Nicht umgekehrt, wie es in einer Mutter-Tochter-Beziehung eigentlich sein sollte. Eine verdrehte Welt, ich weiß.

Klar, meine Mutter hat es nicht immer leicht gehabt, weder mit ihren Männern noch mit mir. Immer, zumindest seit ich denken kann, habe ich Angst um sie gehabt. Wenn sie beispielsweise wieder einmal eine ihrer legendären Panikattacken hatte, mitten in der Nacht nach mir schrie, weil sie Angst hatte zu sterben. Dann musste ich sie ins Krankenhaus begleiten und das egal, zu welcher Uhrzeit. Was hätte ich auch anderes tun sollen?

Als sie mit meinem kleinen Bruder schwanger war, wurde alles noch schlimmer. Ihr ging es nicht gut, sie war lange ans Bett gefesselt, also musste ich häufig selbst kochen, allein zur Schule laufen oder meine

Wäsche waschen. Als Mutter war sie oft nicht greifbar. Auch wenn sie mir jeden, wirklich jeden Tag gesagt hat, dass sie mich liebt, kam es bei mir ab einem gewissen Zeitpunkt einfach nicht mehr an. Heute weiß ich, dass sie ihre Gründe dafür hatte, denn phasenweise ging es ihr einfach dreckig, wie es vielen Menschen irgendwann in ihrem Leben einmal dreckig geht. Mittlerweile habe ich erkannt, dass sie stets alles für mich getan hat, so gut sie es eben konnte, und das weiß ich nun mehr denn je zu schätzen.

In meiner Kindheit gab es dennoch viele Tage, an denen ich mir dachte: »Ich will das alles nicht mehr.« Mein Leben war bestimmt von Angst, Panik und allem Möglichen, und die Erwachsenen waren so sehr beschäftigt mit ihren eigenen Baustellen, dass ich brutal auf der Strecke blieb. Es war ein ständiger Überlebenskampf für mich. Immer war ich der Meinung, mich um meine Mutter kümmern zu müssen. Ich hätte es vielleicht nicht gemusst, aber ich hatte immer solche Angst um sie.

Ich weiß, das klingt alles ein wenig nach Assi-TV und Flodder-Familie. Doch so war es absolut nicht, wir waren eine ganz normale Familie, hatten immer etwas Ordentliches zu Essen auf dem Tisch und vernünftige Kleidung im Schrank. Nur die Problemschublade, die war bei uns zumindest phasenweise praller gefüllt als bei anderen.

Wäre meine Oma in all den Jahren nicht gewesen, hätte ich das vielleicht gar nicht ausgehalten. Bis heute war sie diejenige, mit der ich meine Probleme besprechen und zu der ich gehen konnte, wann immer ich jemanden brauchte. Mein Anker, und der ist nun verschwunden. Wie soll ich ohne sie bloß weiterleben?

Sie ist wirklich nicht mehr da. Ich merke es sofort, als ich nicht mal eine Stunde nach ihrem Tod das Haus betrete. Alles riecht plötzlich anders. Es ist, als wäre das komplette Leben ausgezogen – irgendwie gespenstisch, einfach nur grauenvoll.

Oma ist an einem geplatzten Aneurysma gestorben. Ein Sekundentod, was mich in diesem Moment aber auch nicht besonders trösten kann. Dass die Gefahr bestand, wussten wir schon länger, hatten es aber immer gern verdrängt, insbesondere ich, weil ich ja selbst mit einer tödlichen Krankheit konfrontiert wurde.

Omas Tod löst in mir nicht nur Trauer aus, sondern auch eine überbordende Angst, selbst sterben zu müssen. Ohne meinen Anker schippere ich direkt hinein in ein Jahr, das sich später als eines meiner schlimmsten überhaupt herausstellen sollte.

Rotwein statt rosaroter Wolken

Ich saufe im wahrsten Sinne des Wortes ab. Oma ist nicht mehr da, deshalb ernenne ich den Alkohol zu meinem neuen Seelentröster. Zwei Flaschen Wein am Abend sind keine Seltenheit mehr, sondern mehr die Regel. Ob er schmeckt? Egal, Hauptsache, er knallt mich weg und direkt hinein in den Schlaf. Essen will ich nicht mehr, sodass ich bald nur noch 48 Kilogramm auf die Waage bringe. Irgendwie scheint alles ein wenig aus den Fugen geraten zu sein. Zwar telefoniere ich jetzt fast täglich mit Jessica, doch auch sie kann Oma nicht ersetzen, das wäre auch zu viel verlangt. Panik wird zu meinem ständigen Begleiter, sodass ich nicht selten bis zu dreimal am Tag den Notarzt rufe. Und dann immer wieder dieser eine Gedanke: »Wenn meine Oma von jetzt auf gleich sterben kann, warum sollte es dann nicht auch mich treffen können?«

Immer und immer wieder rede ich mir ein: »Myriam, du bist die Nächste!«

Klar, irgendwann glaube ich es mir. Es ist kaum auszuhalten, was ich mir da antue, sodass ich meine

Panik immer wieder mithilfe des Billigfusels auf ein halbwegs erträgliches Niveau bringen muss. Gelingt es mir nicht, breche ich zusammen – körperlich, vor allem aber psychisch. Ich bin schlicht und ergreifend nicht mehr fähig, meinen ganz normalen Alltag zu meistern, geschweige denn, meinen Sohn zu besuchen, der bei seinem Papa und seiner Oma glücklicherweise von alledem nichts mitbekommt. Ich bin zu der Zeit in einem Angestelltenverhältnis, doch mein Chef nimmt mir nicht ab, wie krank ich tatsächlich bin, und schickt mich tatsächlich zum medizinischen Dienst. Das halte ich nicht aus, lasse mich immer länger krankschreiben und vergrabe mich tiefer und tiefer in meinem Leid.

Immer dann, wenn ich weder vor noch zurück weiß, ist nun Jesse an meiner Seite. Jesse ist ein guter Kumpel, nicht unbedingt mein Typ, aber ein wirklich lieber Kerl. Und immer für mich da, wenn ich ihn brauche. Es gibt sogar Phasen, in denen er nahezu jede Nacht bei mir auf dem Sofa schläft – nur, weil ich es allein nicht aushalte.

Ja, Jesse ist zu einem der wichtigsten, wenn nicht dem wichtigsten Menschen in meinem Leben geworden. Wenn er nicht gerade seiner Ausbildung zum Werbekaufmann nachgeht, erträgt er mit einer Engelsgeduld meine Launen, betüddelt und umsorgt mich, kocht mir die leckersten Sachen, damit ich endlich wieder etwas auf die Rippen bekomme. So kann es aber auch wirklich nicht weitergehen, und das gilt nicht nur fürs Essen. Jesse wird mir insgesamt zur riesigen Stütze, hilft mir, einen Therapieplatz zu finden, und macht wirklich alles richtig. Bis auf die Tatsache, dass er sich irgendwann unsterblich in mich verliebt. Meine Gefühle für ihn ändern sich nicht. Ich liebe ihn als Kumpel, mehr aber nicht.

Doch selbst, als wir nach ein paar Monaten übers Heiraten sprechen, ändert sich für mich nichts. Jesse will mich unbedingt, das weiß ich, und vielleicht ist die Idee ja auch gar nicht so verkehrt. Einen Kerl, der sich so lieb um einen kümmert, findet man schließlich nicht alle Tage. Ich merke außerdem recht schnell, dass ich mich ihm gegenüber irgendwie verpflichtet fühle, so wie er sich immerzu für mich aufopfert. Aber ist das genug, um den Bund fürs Leben mit ihm einzugehen?

Liebe kann zwar wachsen, aber das ist mir nicht genug, um jemanden nach nur einem Dreivierteljahr zu heiraten, und so schlage ich Jesses Wunsch aus. Gleichzeitig rede ich mir ein, die rosaroten Wolken zum gemeinsamen Abheben würden auch ohne Ring am Finger bald angeflogen kommen.

Kommen sie aber nicht. Auch das große Kribbeln im Bauch lässt weiterhin auf sich warten. Etwas ist dennoch spürbar. Immerhin nehme ich ein Gefühl wahr, und daran ist Jesse nicht unschuldig. Ohne ihn hätte ich wohl weder dem Alkohol abgeschworen, noch hätte ich so schnell eine Verhaltenstherapie bei einer wunderbaren Psychologin begonnen, die mich Stück für Stück aus meinem selbst errichteten Sumpf herauszieht. Und was soll ich sagen? Beides tut mir unglaublich gut, wie auch mein Partner, der die abhandengekommene Stabilität zurück in meinen Alltag bringt. Dafür bin ich ihm dankbar. So dankbar, dass ich ihn auch ohne Hochzeit als meinen Mann bezeichne, und das Ganze logischerweise auch mit allem, was dazugehört – so bin ich nun einmal: ganz oder gar nicht. Ja, wir haben Sex. Sehr wenig, aber immerhin haben wir welchen. Es fällt mir allerdings alles andere als leicht, psychisch habe ich noch arg mit allem zu kämpfen, und außerdem sehe ich da unten schlicht und ergreifend furchtbar aus. Ja, ich schäme mich, auch wenn Jesse wirklich sehr lieb und verständnisvoll ist und auf mich eingeht. Die wenigen Male, die wir wirklich miteinander schlafen, bringe ich nach dem Motto »Augen zu und durch« hinter mich, glücklicherweise gibt es ja auch noch andere befriedigende Möglichkeiten als nur den puren Geschlechtsakt. Doch es ist völlig egal, auf welche Art wir uns näherkommen, ich merke immer mehr, dass ich nicht aus Liebe mit ihm zusammen bin, denn wohl fühle ich mich in meiner Haut nicht. Ich glaube, Jesse merkt davon nichts, ich bin halt einfach eine perfekte Schauspielerin – Borderline macht's möglich.

Zumindest eine Weile, denn auf Dauer gelingt es mir nicht, unser – von meiner Seite aus – gespieltes Glück aufrechtzuerhalten. Mir geht es durch meine Therapie schnell besser und ich werde selbstständiger. Doch Jesse hat bald niemanden mehr, um den er sich kümmern muss. Spätestens als ich es wage, mit einem mobilen Friseursalon durchzustarten, wird es zunehmend schwieriger für ihn. Aber nicht nur für ihn, denn auf Dauer schaffe ich es nicht, mich dem Druck der Existenzgründung zu stellen, und schliddere direkt hinein in den beruflichen Ruin und immer weiter in mein nächstes psychisches Tief. Ich bin pleite!

Nach einem knappen Dreivierteljahr trennen wir uns, gehen wieder unsere eigenen Wege, ohne uns allerdings komplett zu entzweien. Wir verstehen uns noch immer gut, als Kumpels, so wie es das Leben eben für uns vorgesehen hat. Jesse lässt mich auch finanziell nicht im Stich. Ich darf in der großen zweistöckigen Wohnung bleiben, in die wir recht schnell nach unserem Kennenlernen gezogen sind. Dennoch kippt die Stimmung zwischen uns irgendwann. Tief im Inneren ist er offenbar doch zu sehr verletzt, und ich fühle mich unverstanden. Alles ist unglaublich kompliziert und mündet darin, dass ich ihn beim unangekündigten Ausräumen der Wohnung erwische. Ich bin so wütend und enttäuscht, dass ich ihm kurzerhand eine runterhaue. Bäm!

So unglaublich es auch klingen mag, auch jetzt schaffen wir es noch, uns wieder zusammenzuraufen, an einen Tisch zu setzen und alles vernünftig zu klären. Er zahlt seinen Anteil der Miete sogar weiter. Eine gute Zeit lang zumindest, was ich ihm mehr als hoch anrechne. Ich kann ihm einfach nicht böse sein, hat er mir doch schließlich ein Stück weit jene Stabilität zurückgegeben, die zu diesem Zeitpunkt so ungemein wichtig für mich war. Mit Jesse hat sich leider auch die Liebe Stück für Stück aus meinem Leben verabschiedet, und ich fühle mich wieder unglaublich einsam.

Zu allem Überfluss entdecke ich auch noch einen Knoten an meinem rechten Bein, genauer gesagt am Oberschenkel. Er ist hart und abgegrenzt, tut sogar schon ein bisschen weh, zumindest, wenn ich draufdrücke. Genau das, was ich jetzt brauche. Die pure Panik steigt in mir auf, mal wieder. Wie ich dieses schreckliche Gefühl hasse, ich kann es gar nicht in Worte fassen. Ich gehe direkt am nächsten Tag zum Doc. Wenn ich noch länger mit dieser Ungewissheit leben muss, werde ich noch verrückt. Die Ultraschalluntersuchung bringt leider gar kein Ergebnis. Shit!

»Ich kann nichts sehen, wir müssen dann wohl doch ein CT machen«, sagt mein Arzt mit Bedauern.

»Nix da, bis ich dafür einen Termin bekomme, kann das Ding munter weiterwachsen, da habe ich absolut keinen Bock drauf!«

»Was sollen wir denn sonst tun, Frau von M.? Wir müssen doch auf Nummer sicher gehen!«

»Ja, genau, und deswegen schneiden wir das Ding einfach raus. Jetzt! Die Zeit, die mir noch bleibt, ist mir mittlerweile einfach zu kostbar geworden, um sie wegen der angeblich vollen Terminkalender einiger Spezialisten aufs Spiel zu setzen.«

Mein Doc hat dem anscheinend nichts mehr hinzuzufügen außer einem zustimmenden und gleichzeitig besorgten Nicken. Er spürt meine Wut, die ich gegen das Gesundheitssystem in unserem schönen Land hege, greift zum Telefon und lässt seine Beziehungen spielen. Direkt am nächsten Tag habe ich einen Termin bei einem sehr guten, wenn nicht sogar dem besten Chirurgen in Wiesbaden. Na bitte, geht doch! Ich bin ihm äußerst dankbar, auf dem Heimweg aber denke ich einmal wieder darüber nach, wie viele Menschen auf dieser Welt überhaupt nicht auf die Idee kommen, sich für ihre eigenen Bedürfnisse auf die Hinterbeine zu stellen und auch mal den Mund aufzumachen. Wenn Behörden oder vermeintliche Autoritäten wie Ärzte, Krankenkassenmitarbeiter, Gutachter oder Gott weiß wer irgendetwas sagt, fordert oder feststellt, ist das für eine große Mehrheit der Menschen einfach Gesetz. Sie hinterfragen nicht, was mit ihnen gemacht wird, selbst dann nicht, wenn es um ihr Leben geht. Und das tut es schlicht und ergreifend, wenn man wochenlang, manchmal sogar mehrere Monate auf einen Facharzt- oder Expertentermin warten muss. Verdammt noch mal, das macht mich so was von sauer. Schnell geht es grundsätzlich nur, wenn der Rubel rollt, sprich, wenn man zur Elite der Privatversicherten zählt und den Medizinern mehr zu bieten hat als ein kleines Gehalt und ein kleines Leben, das es zu retten gilt. Fuck Zweiklassengesellschaft!

Dass ich nach einer mehr oder weniger schlaflosen Nacht am nächsten Morgen in der chirurgischen Praxis dennoch freundlich ins Behandlungszimmer gebeten werde, zeigt mir einmal wieder, dass es auch ohne Privatversicherung geht, sofern man den Mund aufmacht und für sich kämpft. Der Arzt, der sich meiner nun annimmt, ist noch relativ jung und scheint mir ausgesprochen sympathisch zu sein. Wir haben direkt einen Draht zueinander. Er erträgt tapfer, dass ich vor lauter Nervosität rede wie ein Wasserfall.

Aber auch er hält sich nicht zurück, erzählt mir, er habe selbst Krebs gehabt, einen Tumor im Armknochen, den er aber glücklicherweise gut überstanden habe. Ich wusste doch gleich, dass uns irgendetwas verbindet, habe es gespürt, als er mir zur Begrüßung die Hand geschüttelt hat – manchmal ist es schon komisch. Er erzählt mir sogar, dass seine Frau vor ein paar Monaten einfach so von heute auf morgen an einem Herzinfarkt gestorben sei, selbst er als Arzt hätte nichts tun können.

Ich empfinde so viel Empathie für ihn und Mitleid. Es ist wirklich schön zu sehen, dass ein Arzt derart viel Menschlichkeit zeigt, ich fühle mich bei ihm richtig aufgehoben. Er nimmt mir meine Angst, wie es noch kein Mediziner zuvor getan hat.

»Liebe Frau von M., machen Sie sich keinen Kopf, ich bin bei Ihnen und glaube ganz fest daran, dass alles gut wird.«

Seine Worte tun so unendlich gut, dass ich ihn am liebsten einpacken und für immer als meinen persönlichen Privatdoktor mit nach Hause nehmen möchte. Er verspricht mir, mich noch am gleichen Tag anzurufen, um mir den Termin für meine Operation mitzuteilen.

Anrufen tut er mich dann am Abend auch tatsächlich, doch statt eines OP-Termins hat er eine andere Nachricht für mich, und die gefällt mir alles andere als gut.

»Es tut mir schrecklich leid, aber ich darf Sie nicht operieren.«

»Bitte was, warum denn das? Ich möchte mich aber von niemand anderem operieren lassen.«

»Dass ich ihnen zugeteilt wurde, war ein Versehen, Ihr Fall ist zur absoluten Chefsache erklärt worden.«

»Das interessiert mich nicht, ich will von Ihnen operiert werden und von niemandem sonst.«

Er sagt, das sei leider nicht möglich. Sein Chef hätte wohl gesagt: Entweder er oder gar keiner.

Ich bin absolut entsetzt, haben wir in Deutschland nicht eigentlich so etwas wie freie Arztwahl?! Mit mir nicht! Ich bin so sauer, dass ich mir denke: »Fickt euch doch einfach alle, entweder der nette Arzt operiert mich oder KEINER!«

Und genau so kommt es dann auch. Ich lasse mich nicht operieren, und der Knubbel bleibt, wo er ist. Glücklicherweise stellt er sich irgendwann auch als völlig harmlos heraus.

Myriam und die lieben Ärzte

Ja, Myriam und die Ärzte, das ist wirklich eine Angelegenheit für sich. Kaum hat man einen Arzt gefunden, der nicht nur kompetent, sondern noch dazu auch wirklich menschlich zu sein scheint, ist er auch schon wieder weg. Dabei ist es gerade bei schweren Erkrankungen so ungemein wichtig, Ärzte zu haben, denen man wirklich vertraut. Mir geht es zumindest so, und das gilt nicht nur für die Onkologen, Chirurgen, Gynäkologen und wie sie sich alle schimpfen, und die sich um meine Krebserkrankung kümmern. Nein, mindestens genauso wichtig ist für mich ein guter Zahnarzt, denn unsere kleinen weißen Beißerchen werden durch die heftigen Behandlungskeulen gegen Krebs nicht selten ordentlich in Mitleidenschaft gezogen. So auch bei mir.

Ich kann schon gar nicht mehr mitzählen, so oft hatte ich bereits gigantische Zahnschmerzen, die fast nicht auszuhalten waren. Genauso verhält es sich auch mit meinen Zahnärzten. Es waren viele – zu ertragen waren sie meist nicht. Zumindest bis zu dem Zeitpunkt, als ich den einen, den einzigen, den ultimativ richtigen gefunden habe: Richie! Es war während einer extrem schwierigen Phase meiner Krankengeschichte knapp anderthalb Jahre nach der ersten Diagnose. Mir ging es extrem schlecht, und die Tatsache, dass ich mich dennoch zu einem Zahnklempner geschleppt hatte, zeigt mehr als deutlich, wie nötig es gewesen sein muss. Meine Zähne taten sooo weh.

Ich sah zu der Zeit nicht gut aus, ich war von all den Medikamenten total aufgedunsen, eigentlich hätte ich Richie gar nicht erzählen müssen, dass ich Krebspatientin bin. Vielleicht war es aber genau richtig, um das Eis zwischen uns zu brechen. Richie nämlich lächelte mich an und startete ganz sachte in die Behandlung.

»Keine Angst, wir kriegen das zusammen hin.«

Die Nerven meiner Backenzähne waren einfach mal eben so abgestorben, und um eine Wurzelbehandlung war kein Herumkommen mehr. Richie merkte natürlich, dass ich mich auch ein wenig schämte, sahen meine Zähne doch wirklich alles andere als gut aus.

»Zähne sind leider häufig ein Problem bei Krebspatienten, das kommt von all den heftigen Medikamenten, die der Körper verarbeiten muss, aber das ist ganz normal.«

Er verstand es einfach, mir ein gutes Gefühl zu geben, obwohl ich auf diesem fiesen Zahnarztstuhl saß. Einfach grandios, denn das ging so weit, dass ich irgendwann fast schon gern zum Zahnarzt ging, natürlich ausschließlich zu meinem Richie. Bei ihm fühle ich mich sicher, und er bringt mich oft zum Lachen, obwohl mir ganz oft nicht danach ist.

Eines Tages beispielsweise biss ich in ein Stück Schokolade und mir brach gleichzeitig ein Frontzahn ab. Weg, er war komplett weg! Ich hatte höllische Schmerzen und natürlich eine riesige, gut sichtbare Lücke, was fast noch schlimmer war. Der wahre Schock aber folgte erst noch, als ich in der Praxis von Richie anrief, um gleich einen Termin zu vereinbaren.

»Der arbeitet nicht mehr hier, seit einer guten Woche schon, seine Assistenzzeit ist vorbei. Darf ich Ihnen einen Termin bei einem Kollegen anbieten?«

»Auf gar keinen Fall! Wo ist Richie, ich will sofort wissen, wo Richie ist!«

Ich flehte die Sprechstundenhilfe förmlich an, mir zu sagen, wo ich ihn finde. Doch sie durfte nicht, so verlangten es die Bestimmungen. Ich quengelte und quengelte, bis sie mir zumindest einen Tipp gab, und der lautete: Wiesbaden. Also startete ich eine Anrufoffensive und klingelte mich durch JEDE Praxis der Stadt. Es dürften gut und gern fünfzig an der Zahl gewesen sein, bis ich ihn schließlich fand. Ich war so unendlich froh und bekam auch direkt einen Termin. Ich weinte vor Freude, als ich Richie sah. Auch er freute sich. Obwohl er längst Feierabend hatte, baute er mir einen wunderschönen neuen

Zahn. Meine Güte, war ich dankbar, und lud ihn anschließend direkt auf ein Bierchen in die Kneipe unten an der Ecke ein.

Richie war auch außerhalb der Praxis ein echt Netter, und während wir so dasaßen und gemütlich plauderten, sagte er plötzlich ganz unverblümt: »Myriam, ich muss wirklich gestehen, dass ich von Anfang an von dir beeindruckt war.«

Ich freute mich sehr und wollte natürlich wissen, warum.

»Ganz einfach, weil du immer ein Lächeln für mich übrig hattest, egal, wie dreckig es dir auch gerade ging.«

Stimmt, aber er hatte ja auch wirklich immer ein Lächeln verdient, er ist nun einmal einfach der beste Zahnarzt der Welt, ein einfühlsamer noch dazu, und davon könnte sich manch einer seiner Kollegen wirklich mal ein Scheibchen abschneiden.

Die blöde Trulla gleich um die Ecke meiner Wohnung etwa, zu der ich dummerweise einmal gegangen bin, als ich zu faul war, zu Richie zu fahren. Meine Güte, war die unsensibel und so was von überfordert mit meinem Röntgenbild. Sie hatte darauf einen riesigen weißen Fleck im Kopfbereich entdeckt und gab sich nicht mal ansatzweise Mühe, mir das schonend beizubringen.

»Wissen Sie, ob Sie irgendwelche Metastasen im Kopf haben?«

Bäm! Ich bin fast ohnmächtig geworden vor Schreck. Geht's vielleicht noch etwas krasser?

»Ähm, nein, ist mir nicht bekannt. Wie kommen Sie darauf?«

Sie grummelte irgendetwas vor sich hin, ich verstand nur so viel, dass sie wohl das Bild mit irgendeinem Professor besprechen wollte, das könne aber dauern.

»Sie können mich mal«, ranzte ich sie an, nahm ihr mein Bild aus der Hand und fuhr mal eben schnell zu meinem Richie. Hätte ich das doch bloß gleich getan. Ich war so unendlich froh, als ich ihn sah und er mir mit seiner verständnisvollen, ruhigen Art auch direkt meine Angst nehmen konnte.

»Das ist entweder ein Speichelstein oder ein Bildfehler, Metastasen würden von der Struktur her ganz anders aussehen«, beruhigte er mich und hatte damit auch recht, wie sich wenig später herausstellte. Mal wieder hatte mich Richie gerettet, wie schon so oft. Er war, ist und bleibt einfach mein kleiner Zahnarzt-Held in Weiß. Mehr aber auch nicht, in Sachen Liebe nämlich habe ich mich schon anderweitig umgeschaut. Mit Erfolg, so hatte ich es zumindest in den vergangenen drei bis vier Wochen angenommen.

Zwischen dem Hier und dem Nichts

Kaum habe ich mich in einen wirklich netten Typen verliebt, ist es auch schon wieder vorbei. Dabei entwickelte sich aus meiner Sicht das noch ganz frische Techtelmechtel mit Steve gerade erst zu etwas Ernstem. Als er mich an meinem Geburtstag zum Nobelmongolen einlud, servierte er mir allerdings als netten Zwischengang mehr als nur Känguru und Haifisch.

»Ich kann mir einfach nicht vorstellen, mit dir eine Beziehung zu führen!«

Das hatte gesessen! Ich musste wirklich mit den Tränen kämpfen, hatte ich mich doch schon ein wenig in ihn verguckt. Ich glaube, er sich auch in mich, allerdings hatte er auch längst mitbekommen, dass es mich nur im Paket mit Basti und – was für Steve wesentlich entscheidender war – meinen kleinen psychischen Monstern gibt, die mich seit der ersten Diagnose begleiten. Und diese waren in den letzten Tagen und Wochen ziemlich aktiv gewesen, weshalb Basti aktuell auch wieder bei seinem Dad war.

Die Ärzte hatten einmal wieder keine so guten Nachrichten für mich gehabt, und das gerade einmal anderthalb Jahre nach meiner ersten Operation: veränderte Zellen am Muttermund und, als wäre das nicht schon genug, HPV positiv mit drei der schlimmsten Krebsauslöser überhaupt. Sie verpassten mir vorsorglich eine nicht unbedingt angenehme Interferontherapie, die sich seit der ersten Dosis bis heute mit sämtlichen nur möglichen Nebenwirkungen in meinem Körper austobt. Angst und Panik rauben mir seither regelmäßig den Schlaf, und dass mir nicht gerade die Sonne aus dem Allerwertesten scheint, während ich mir büschelweise die Haare vom Kopf reiße, sollte wohl zu verstehen sein.

Steve hatte es verstanden und sich fast schon ein wenig zu intensiv mit meiner Krankheit auseinandergesetzt. Das Ergebnis: Angst.

»Myriam, ich kann dir nicht beim Sterben zuschauen, das schaffe ich einfach nicht«, sagte er mir, während wir die frisch gegrillten Leckereien vor uns auf den Tellern liegen ließen, weil uns schlicht und ergreifend nicht mehr nach Essen zumute war.

Das hat mich wahnsinnig verletzt. Wie ein Schlag ins Gesicht. Und nun? Nun liege ich wieder in meiner Bude herum und frage mich, warum ich immer und immer wieder in meinem Leben um funktionierende Partnerschaften kämpfen muss? Egal, bei wem. Ich bin es einfach leid, diese scheiß Krankheit raubt mir wirklich die letzten Funken meiner ohnehin schon verkümmerten Lebensfreude.

Weil Aufgeben allerdings noch nie zu meinem Plan gehört hat, will ich um Steve kämpfen und besorge ihm über einen Kumpel VIP-Tickets für ein riesiges Musikfestival, zu dem ich ihn selbstverständlich begleiten würde. Scheiß auf die Interferon-Behandlung!

Kurz darauf starten wir auch schon in Richtung Nürburgring. Gesundheitlich auf der Höhe bin ich in keinster Weise, was mich nicht daran hindert, direkt nach unserer Ankunft mit aller vorhandenen Restenergie in den Partymarathon zu starten. Ich lasse nichts aus, auch den Alkohol nicht, der wie auf jedem Festival auch hier in Strömen fließt. Vielleicht will ich meine Grenzen nicht erkennen, weil ich mich erstaunlich gut fühle – ich weiß es nicht. Die Menschen sind dermaßen gut drauf, dass ich für ein paar Stunden all meine Sorgen und Ängste hinter mir lassen kann. Ich weiß wirklich nicht, wann mir das zuvor zum letzten Mal gelungen ist.

Ich fühle mich kein Stück krank, ganz im Gegenteil, ich strotze förmlich vor Energie, während wir mitten unter den fast hunderttausend Fans vor der Bühne abfeiern, ich gerade jubelnd meine Hände nach oben strecke und euphorisch in die Luft springe, als wollte ich mit unbändiger Kraft die Sterne vom Himmel holen. Ich bin noch nicht wieder auf dem Boden gelandet, da merke ich schon, wie ich innerlich zusammensacke. Jetzt schaltet meine Wahrnehmung in den Zeitlupenmodus um, der immer dann aktiv wird, wenn etwas ganz Schreckliches passiert.

Auf meinen Füßen lande ich nicht mehr und breche in der Menschenmenge auf dem Boden zusammen. Einfach so, ohne Vorwarnung. Von da an bekomme ich von den Bands nicht mehr viel mit. Einen dumpfen Soundbrei vielleicht noch, der aber an meinen Ohren angekommen direkt wieder abzuprallen scheint. Mein Kopf fühlt sich binnen Bruchteilen einer Sekunde an, als sei er mit nichts anderem gefüllt als Luft. Während meine Wahrnehmung noch immer in Zeitlupe läuft, entscheidet sich meine Pumpe für eine deutlich höhere Laufleistung. Hilfe, ein derartiges Herzrasen hatte selbst ich noch nicht gekannt.

Steve bleibt nichts anderes übrig, als mich irgendwie aus der johlenden Menge herauszuziehen. Der Arme! Immerhin hatten wir uns vor Stunden für einen Platz mitten auf dem Festivalgelände entschieden, etwa hundert Meter entfernt von der Monsterbühne, von wo aus es nicht gerade ein Katzensprung bis zum nächsten Sanitätszelt war. Glücklicherweise zeigen all die Rocker Herz, bilden umgehend eine Gasse, durch die Steve mich abtransportieren kann. Er packt mich unter den Armen und zerrt mich übers Gelände wie einen nassen Sack. Immer wieder verliere ich kurz das Bewusstsein, nehme die Welt um mich herum erst wieder wahr, als wir im Erste-Hilfe-Zelt angekommen sind. Mein Herz poltert noch immer mit einer derartigen Wucht, als wolle es jeden Moment meine Brust in tausend Fetzen zerreißen. Gleichzeitig merke ich, wie ich wieder wegsacke. Es ist ein ganz krasses Gefühl, ein wenig wie zwischen dem Hier und dem Nichts festzustecken.

Der Notarzt hängt mich gleich mal ans EKG-Gerät und erkennt sehr schnell, was mit mir los ist. Ich habe eine sogenannte AV-Knoten-Reentrytachykardie, eine gutartige Herzrhythmusstörung, die gekennzeichnet ist durch plötzlich beginnenden und endenden, schnellen und regelmäßigen Herzschlag. Ist mir ja eigentlich nicht unbekannt, ich habe das schließlich seit meiner frühesten Kindheit, aber so schlimm hat es mich noch nie erwischt. Mein Puls rattert unfassbare 270-mal in der Minute. Hilfe! Ich bin so durch den Wind, dass ich nicht einmal mehr ängstlich oder panisch bin, wie es ansonsten häufig der Fall ist.

»Bitte machen Sie, dass es aufhört«, flehe ich den Notarzt an.

»Ich gebe alles, wir müssen Sie allerdings erst einmal stabilisieren, bevor wir Sie überhaupt ins Krankenhaus bringen können.«

»Egal was, machen Sie es, Hauptsache, es hört endlich auf!«

Er pumpt mich voll mit hoch dosiertem Betablocker, ganz langsam injiziert über eine Dreiviertelstunde, *peu à peu,* ansonsten könnte es zu einem Herzstillstand kommen.

»Das funktioniert hier ja alles lehrbuchmäßig«, freut sich der Festival-Doc, was mich fast ein wenig beruhigt und direkt wieder in ein kleines Dämmerschläfchen befördert. Irgendwann geht mein Puls dann auch tatsächlich wieder herunter, mein Herzschlag normalisiert sich und wird auch wieder kräftiger. Gott sei Dank, ansonsten hätten sie mich wohl schocken müssen mit diesen bösen Elektroteilen. Nein, das muss ja nun wirklich nicht sein.

Gefühlt liege ich eine halbe Ewigkeit so da, völlig am Ende, bis die Tür aufgeht und ein großer, kräftiger Typ auf mich zukommt, der mir irgendwie bekannt vorkommt. Tatsächlich, ich kann es kaum glauben, es ist der Leadgitarrist einer meiner Lieblingsbands. Er hat mitbekommen, dass ich zusammengebrochen bin und es mir nicht gut geht. Nun wummert mein Herz wieder ein paar Takte schneller, im positiven Sinne natürlich, denn er nimmt mich in den Arm, redet mir gut zu, und wir schießen auch noch ein Erinnerungsfoto zusammen, damit ich den wohl aufregendsten Festivalbesuch meines Lebens auch bloß niemals vergesse – das würde ich ganz sicher auch ohne Foto nicht.

Dann ruft das Krankenhaus. Mal wieder. Ich will nicht und mache einen riesigen Affentanz, bis Steve fast platzt und mich vor allen richtig derb runterputzt.

»Wenn du dich nicht ins Krankenhaus bringen lässt, fahre ich sofort nach Hause und lasse dich einfach liegen. Ich habe eine solche Angst, ich will einfach nicht, dass du hier verreckst. «

Steves Blick strahlt nichts als Panik aus. Weiß wie die Wand, klatschnass geschwitzt, sehe ich in seinen weit aufgerissenen Augen die pure Angst. Ich bin erstaunt, dass sein Blick all das spiegelt, was ich nicht sehen kann. Also füge ich mich meinem Schicksal, lasse mich in die Klinik fahren, wo ich auch zur Beobachtung bleiben muss, glücklicherweise aber nur ein paar Stunden. Die Sommerhitze in Kombination mit dem Alkohol, der Überanstrengung und dem Interferon, all das war wohl ein Myriam-K.o.-Cocktail gewesen. Festivaltag Nummer zwei ist natürlich für mich gestrichen, schweren Herzens, aber nichts geht mehr. Verdammt, da ist mein Plan, Steve nach seiner Abfuhr an meinem Geburtstag doch noch für mich zu gewinnen, mal gehörig nach hinten losgegangen. Stattdessen habe ich alles getan, um seine Angst zu bestätigen. Ihm exakt das Bild geliefert, das er nicht sehen wollte. Ich habe es versaut.

So verdammt allein

Wie ich diese Einsamkeit hasse. Einfach schrecklich. Zwar ist Steve nach unserer Rückkehr vom Nürburgring noch eine Nacht lang bei mir geblieben – er wollte wohl sichergehen, dass es mir halbwegs gut geht –, doch nun ist er weg. Zurück in seinem Leben, in dem eine Myriam voller Probleme einfach keinen Platz zu haben scheint.

Ich muss etwas ändern in meinem Leben, so viel steht fest. Obwohl ich wirklich down bin, spüre ich diesen unbändigen Drang, alles auf den Kopf zu stellen. Es ist vielleicht nicht unbedingt die beste Voraussetzung, um mein Leben grundlegend zu verändern, doch wenn ich mir etwas in den Kopf gesetzt habe, dann mache ich es auch.

Basti lebt mittlerweile wieder zu großen Teilen bei mir, sein Dad und ich arrangieren uns damit wirklich gut. Es gibt mir so viel Kraft, ihn bei mir zu haben. Kraft, die ich nun nutzen möchte, um einen lang gehegten Traum Realität werden zu lassen: Ich möchte Psychologie studieren. Menschen zu helfen, gleichzeitig auch mich selbst ein wenig mit zu therapieren, das soll mein neuer Weg werden. Schon eine gefühlte Ewigkeit liegen die Studienunterlagen in meiner Schublade und warten darauf, endlich herausgeholt zu werden. Jetzt war es so weit. Lesen muss ich all den Kram nicht mehr, das habe ich schon tausendmal getan. Ich muss mich nur noch einschreiben und dann hoffen, dass ich genug Kraft habe für die regelmäßigen Vorlesungen und die komplexen Studieninhalte. Ich bin guter Dinge, nur meine Optik muss ich noch etwas pimpen, bevor aus mir endlich eine Studentin werden kann. Schon einige Zeit bin ich sehr auf meine Optik getrimmt und für meine Verhältnisse sogar außerordentlich sportlich. Ich habe wohl irgendwie eine riesengroße Angst, meine Schönheit zu verlieren, sie dem Krebs opfern zu müssen. Nein, das möchte ich auf keinen Fall.

Vor allem an meine traurigen Haare muss ich ran, die unter der Interferontherapie echt gelitten haben. Lange Zeit hatte ich sie blond gefärbt, und das mit schwarzen Strähnen, es sah schon echt cool aus. Meine Augenbrauen waren mir ja schon längst flöten gegangen, daran konnte ich auch nichts mehr ändern, also sollte zumindest der Rest in einem halbwegs guten Zustand sein.

Dass mir nun auch noch meine geliebten Haare ausgehen sollen, das ist für mich nur schwer zu akzeptieren. Ich muss reagieren! Stufenweise – immer so, wie es die Situation gerade verlangt. Von lang zu mittellang, weiter zu einem pfiffigen Bob und immer weiter, bis die verbliebenen Haare – ritsch, ratsch – einfach mal dran glauben müssen. Es ist ein Friseurbesuch, der sicher nicht zu den Highlights meines Lebens zählt, doch da muss ich nun durch.

»Mir gehen die Haare so krass aus, macht einfach irgendwas, damit ich wieder halbwegs vernünftig aussehe, macht sie raspelkurz.«

Die Friseurin nimmt mich beim Wort, setzt flink die Schere an, und ich könnte mit jeder Strähne, die da in Zeitlupengeschwindigkeit von meinem Kopf gen Boden fliegt, ein Stück mehr ausrasten. Für jedes Büschel Haare verdrücke ich mindestens eine ebenso dicke Träne, am liebsten würde ich den Spiegel zuhängen, so schrecklich ist der Anblick für mich. Ich fühle mich, als würde sich mit jedem Klacken der Schere ein Stück meiner Persönlichkeit unmittelbar in Luft auflösen. Ich bin verzweifelt und fühle mich echt unfassbar scheiße. Insbesondere, als mich das finale Ergebnis aus dem Spiegel anspringt.

Oh mein Gott. Ich sehe aus wie ein gerupftes Huhn. Ich kann einfach nicht glauben, was ich da sehe. Nie, aber auch wirklich nie habe ich vergleichsweise beschissen ausgesehen. Wie soll ich mich denn so bitte schön noch unter Menschen trauen? Meinen Frust lasse ich nun auch direkt an der armen Friseurin aus, die ja eigentlich nur das gemacht hat, was ich von ihr verlangt habe.

»Sehen Sie eigentlich, was Sie da getan haben? Sie haben mich komplett verunstaltet, ich sehe furchtbar aus!«

Nun weinen wir beide. Ich selbst tue mir leid, aber diese verdammte Tussi, die ihren Beruf aber mal so was von verfehlt hat, die soll sich ruhig die Augen aus dem Kopf heulen, das hat sie echt verdient. Ich lasse sie auch einfach in ihrem Dilemma allein zurück, knalle ihr 'nen Fuffi auf den Tresen und verschwinde – auf Nimmerwiedersehen.

Ich bin so unglücklich und würde am liebsten im Erdboden versinken, so sehr schäme ich mich für meinen fast kahlen Kopf. Während ich durch die Straßen nach Hause laufe, komme ich mir vor, als würde ich durch ein riesiges Spiegelkabinett gejagt. Überall spiegelnde Oberflächen, egal, wo ich hinschaue. Ob in Autoscheiben oder Schaufensterfronten, überall erspähe ich Kahlkopf-Myri. Oh Mann, das darf doch alles nicht wahr sein. Erstmals habe ich das Gefühl, der Krebs hätte mich mit all seiner Macht niedergestreckt. Ich weine hemmungslos, sodass mir wildfremde Menschen Taschentücher zustecken, mir motivierend auf die Schulter klopfen oder mir zumindest einen mitleidigen Blick zuwerfen. Nun ist es so weit: Alle wissen, was mit mir los ist. Ich fühle mich nackt!

Auch in den folgenden Tagen kann und will ich mich nicht mit meinem neuen Aussehen arrangieren. Einen

Tag verstecke ich mich unter einer riesigen Strickmütze, einen anderen trage ich Kopftuch. Nichts macht mich aber wirklich glücklich, ich muss eine Lösung für mein Problem finden.

An Perücken denke ich noch nicht, beginne aber doch recht schnell, mit unterschiedlichsten Formen von Haarteilen und Haarersatz zu experimentieren. Ich bin ja glücklicherweise vom Fach und weiß genau, wo ich ansetzen kann. An den kümmerlichen Resten meiner eigenen Haare hält zwar nichts wirklich, doch ich kriege es hin. Kopftuch drauf, an den Seiten ein paar Strähnen rausgezupft, fertig! Es dauert jedes Mal eine gefühlte Ewigkeit, und so wird jeder Morgen echt zu purem Stress, doch was macht ein Mädel nicht alles für die Schönheit? Niemand soll schließlich sehen, dass ich krank bin, und mit der Zeit werde ich zur Meisterin der Haarillusion.

Auf Dauer aber ist es mir doch too much, und ich beschließe, mir meine erste Perücke anzuschaffen. Es ist ein ganz billiges Ding, und so sieht es auch aus. Zwar sind die Haare lang, doch sehen sie alles andere als natürlich aus. Ich muss improvisieren und kombiniere sie mit einem echt coolen Käppi – ja, das gefällt mir. Immer mehr Perücken landen in meinem Fundus, schnell sind es an die zwanzig Stück, die Farbe und Abwechslung in meinen Alltag bringen. Niemandem fällt auf, dass es nicht meine echten Haare sind, auch wenn ich ständig anders aussehe. Einige fragen mich sogar, wie ich es denn schaffe, meine Haare ständig umzufärben, ohne dass sie kaputt gehen? Besser geht es ja wohl nicht.

Aber wie das nun einmal immer so ist, gibt es auch Menschen, denen mein neuer Style nicht gefällt. So auch sehr bald an der Uni, als ich mich endlich Studentin nennen darf und während einer Vorlesung zurück auf den Boden meiner haarlosen Tatsachen geholt werde. Es ist in einem Seminar zum Thema Kommunikation bei einem Prof, den ich von Anfang an nicht leiden kann. Er mich anscheinend auch nicht, denn er fordert mich zu Beginn seines Vortrages auf, meine Kappe abzunehmen, die ich – wie immer – über meiner Langhaarperücke trage.

»Frau von M., nehmen Sie bitte das olle Ding ab!«

»Auf keinen Fall, die gehört zu meinem Gesamtlook«, schwindle ich ihn an, weil ich auf keinen Fall möchte, dass irgendwer an der Uni erfährt, dass ich krank bin. Denn nur hier genieße ich nämlich noch ein Stück Normalität in meinem Leben.

»In meinem Seminar wünsche ich keine Kopfbedeckungen, nehmen Sie bitte die Kappe ab, Sie müssen sich doch nun wirklich nicht verstecken, Sie haben doch ein wirklich hübsches Gesicht.«

»Ich möchte sie nicht abnehmen, und habe auch keine Lust, weiter darüber mit Ihnen zu diskutieren, bitte akzeptieren Sie das.«

Je länger der Prof mit mir diskutiert, desto mehr beginne ich zu schwitzen. Mein Herz rast, mein Magen zieht sich zusammen, und am liebsten würde ich mich in eine Ecke verziehen und erst mal eine Runde weinen. Mittlerweile wird der Gute sogar richtig laut, was mich einfach nur wütend macht. Ich schreie ihn an, aufs Übelste, so, wie man eigentlich niemals mit einem Dozenten, eigentlich mit niemandem reden sollte.

»Ich will die Kappe nicht abnehmen, ich kann sie nicht abnehmen, sie ist mit meinen Haaren verbunden, und die sind eine Perücke, denn ich habe verdammt noch mal Krebs. Sind Sie jetzt zufrieden?«

Stille im Raum. Nichts, aber auch wirklich nichts ist zu hören. Jetzt hat der Prof Schweißausbrüche und sieht aus, als würde er am liebsten im Boden versinken.

»Und Sie, Sie wollen mir wirklich etwas über Kommunikation beibringen? Sie haben doch überhaupt keine Ahnung, was Kommunikation bedeutet, das haben Sie gerade eindrucksvoll bewiesen. Sie können weder Körpersprache lesen noch sonst irgendetwas, haben mich in eine unmögliche Situation gebracht, und das ist einfach ein Unding!«

Meine Kommilitonen schauen mich allesamt mit großen Augen an. Wieder herrscht Totenstille im Raum, gefolgt von zustimmendem, tosendem Applaus.

»Ich hoffe, Sie werden sich jetzt mal Gedanken darüber machen, was Kommunikation wirklich ist, was Empathie damit zu tun hat und vor allem, was es bedeutet, mit einer Krankheit wie Krebs halbwegs normal durchs Leben zu gehen.«

Traurig und wütend zugleich fahre ich nach Hause. So schnell wird mich der Campus nicht wiedersehen. Ich fühle mich allein. Nein, ich fühle mich nicht nur so, ich bin es! All meine Freundinnen, die ich anrufe, haben keine Zeit für mich. Komisch. Ich fühle mich einfach nicht gut und ertrage es nicht, allein in meinen vier Wänden herumzuliegen. Aber keinen interessiert es. Dabei wohne ich gar nicht so weit ab vom Schuss, es wäre für die meisten ein Leichtes, nach der Arbeit oder einfach mal zwischendurch bei mir vorbeizukommen. Was also tun? Ich rufe meine Mutter an, und das will wirklich etwas heißen.

»Mom, mir geht es sauschlecht. Ich habe Fieber, Gliederschmerzen und Angst, dass ich mal wieder ins Krankenhaus muss.«

Eigentlich geht man davon aus, dass spätestens jetzt Mütter in fürsorgliche Panik ausbrechen, sich ins Auto setzen und auf dem kürzesten Weg zu ihrem Kind eilen. So würde ich es zumindest tun, wenn etwas mit Basti wäre, wenn er – wie in diesem Moment – nicht bei mir ist. Doch Pustekuchen.

»Myriam, so schlimm wird es schon nicht sein. Wenn du nicht allein sein willst, kannst du dich ins Auto setzen und zu mir kommen. Ich habe nicht genug Sprit im Tank.«

Das darf ja wohl nicht wahr sein. Nicht mal die eigene Mutter hält es für nötig, ihrem Kind beizustehen. Gut, es sind vierzig Kilometer, die uns trennen, doch spielt das wirklich eine Rolle? Aber ganz ehrlich: Wundern tut es mich nicht. Meine Mutter hat weder mich noch meine Krankheit jemals wirklich ernst genommen. Bin ich ihr denn wirklich so wenig wert? Natürlich bin ich ihr nicht egal, das weiß ich genau, aber in diesem Moment will ich einfach leiden, und da kommt sie mir mit ihrer Ausrede gerade recht.

Ich bin geknickt. Niemand liebt mich, keiner steht mir bei. Die Nacht scheint endlos, die Dunkelheit noch dunkler als sonst. Mal wieder wälze ich mich von der einen auf die andere Seite meines Bettes. Schlafen? Dass ich nicht lache, meine Gedanken halten mich wach. Hellwach. Stunde um Stunde starre ich die Decke meines Schlafzimmers an und warte auf die Sonne, die das bedrohlich Düstere beiseiteschiebt und damit hoffentlich auch meine ebenso düsteren Gedanken.

Ich habe ganz offensichtlich keine Freunde. Hätte ich welche, wäre ich jetzt nicht so allein. Die Tatsache, dass nicht mal meine Mutter mir beisteht, die macht mich wirklich richtig fertig.

Doch auch diese Nacht geht vorbei, irgendwie, und am nächsten Morgen schleppe ich mich direkt zu meiner Ärztin, die eine leichte Herzmuskelentzündung feststellt. Aha, da ist sie also, die Erklärung für meinen Totalzusammenbruch. Pillen hat sie dagegen keine im Angebot, die einzig wirksame Medizin heißt: Ruhe! Pah, wo ich die ja so gut vertrage. Ruhe hat bei mir üblere Nebenwirkungen als jedes noch so starke Hammerpräparat. Fuck, da muss ich nun wohl durch.

Vielleicht hat es ja auch so sein sollen, schließlich glaube ich nicht an Zufälle. Während ich nämlich so vor dem Fernseher sitze und mich durchs gähnend langweilige Programm zappe, mache ich mir Gedanken. Gedanken zu meinem Leben, meinem Umfeld und vor allem meinen sozialen Kontakten. Habe ich meine sogenannten Freunde mit all meinen Krankengeschichten etwa tatsächlich vergrault? Sind sie dann überhaupt echte Freunde? Oh Mann, quälende Fragen, auf die ich einfach keine Antworten finde. Eines aber steht für mich fest: Irgendetwas muss ich anders machen! Grundsätzlich bin ich ja nicht der Typ Mensch, der Kontakte scheut. Gut, es fällt mir nicht unbedingt leicht, andere nah an mich heranzulassen – und damit meine ich nicht körperlich, sondern emotional. Vielleicht ist das

das eigentliche Problem? Ich beschließe, künftig mehr auf meine zwischenmenschlichen Beziehungen zu achten, und überlege, wo ich vielleicht neue Leute treffe, die zu mir passen. Oder hatte ich die vielleicht schon gefunden?

Beim Festival am Nürburgring hatte ich mit einem ganz netten Typen Nummern ausgetauscht, flirty, wie ich unterwegs war. Thomas hieß er, aus Mannheim, und irgendwie 'ne coole Socke. Also rufe ich ihn an, fahre spontan vorbei und merke schnell, dass er zwar nicht unbedingt mein Typ Mann ist, aber durchaus Kumpelpotenzial hat. Auch seine Clique liegt mir, vor allem seine Ex, und so bin ich fortan öfter in Mannheim anzutreffen. Ich fühle mich wohl, alles ist unbeschwert, und das Thema Krankheit spielt irgendwie gar keine Rolle. Bis ich an einem Samstag im Spätsommer während einer meiner Besuche bei Thomas und Co. plötzlich einen leichten Schmerz in der Nierengegend bemerke. Nicht dramatisch, weshalb ich mir auch keine weiteren Gedanken mache und einfach den Tag mit meinen neuen Freunden genieße.

Gegen Abend aber ist der leichte zu einem wirklich brutalen Schmerz gewachsen. Ich kann nicht mal sagen, ob es tatsächlich die Niere ist, irgendwie strahlt es in die komplette rechte Seite aus. Sarah, Thomas' Ex, rät mir, viel zu trinken. Als angehende Krankenschwester tippt auch sie auf die Niere. So viel trinken kann ich aber gar nicht, denn längst könnte ich schreien, meine Niere jedenfalls tut es bereits. Ich muss, nein, ich will ins Krankenhaus. Freiwillig, und das will in meinem Fall ja nun wirklich etwas heißen. Also lasse ich mich von Thomas in die Klinik bringen. Ich selbst tippe auf eine bakterielle Entzündung, also lassen mich die Schwestern in einen Becher pinkeln, der Arzt klopft mich ab und entlässt mich ziemlich schnell mit den Worten: »Ist nix Wildes, Sie werden sich verkühlt haben.« Nichts Wildes? Der hat sie wohl nicht mehr alle, meine Schmerzen sind schließlich mehr als wild.

Es dauert nicht sehr lange, da bin ich wieder zurück in der Klinik. Nichts hat geholfen, weder ein warmes Bad noch haufenweise Ibuprofen. Ich hätte an die Decke gehen und um mich herum jeden erschlagen können. Schweißperlen stehen mir auf der Stirn, was natürlich auch der Oberarzt sofort wahrnimmt, auf den ich bei meinem zweiten Besuch im Krankenhaus glücklicherweise treffe. Sofort macht er einen Ultraschall und braucht nicht lang bis zu seiner Entscheidung, mich direkt dortzubehalten. Die rechte Niere ist nicht nur drastisch entzündet und zudem gestaut, nein, sie hat sich außerdem dazu entschieden, nur noch zu dreißig Prozent zu funktionieren. Blödes Ding, habe ich nicht schon genug Probleme? Kann ich nicht einfach mal ein paar unbeschwerte Tage mit meinen neuen Freunden verbringen? Müssen auch sie gleich wieder mit in meinen Krankensumpf hineingezogen werden?

Wirklich nachdenken kann und will ich darüber aber eigentlich nicht. Ich habe ganz andere Probleme, nämlich höllische Schmerzen. Ohne Mist, so eine Nierenkolik ist wirklich abartig, das wünsche ich niemandem. Eine Hammerinfusion, inklusive Tramadol – ein mächtig breit machendes Opioid – soll es richten. Und das tut sie auch. Tropfen für Tropfen bahnt sich das Mittelchen seinen Weg in meine Vene, und ich kann förmlich spüren, wie sich meine Niere über den Frischekick zur Nacht freut. Bleiben soll ich trotzdem, zumindest über Nacht, nur zur Beobachtung.

Tja, aus einer Nacht können aber auch schnell anderthalb Wochen werden. Zumindest dann, wenn man Myriam von M. heißt. Ich muss bleiben. In Mannheim, weit weg von meinem Zuhause, weit weg von meiner Familie, weit weg von allem. Nur gut, dass ich Basti bei Papa und Oma in guten Händen weiß. Eine meiner Nieren hat ganz offensichtlich die Schnauze voll von den ständigen Medis in meinem Körper und ist kurzerhand in einen Warnstreik getreten.

Sarah und Thomas weichen mir nicht mehr von der Seite, sind immer für mich da und halten mich über all die Tage bei Laune. Ein Gefühl, das ich so nicht kenne, oder vielleicht mit der Zeit auch einfach vergessen habe. Es fällt mir zunehmend schwer, Menschen näher als nötig an mich heranzulassen. Ob es die Angst ist, sie irgendwann sowieso wieder zu verlieren?

Kleiner, jämmerlicher Freak?

Warum bin ich nur so verdammt schwierig, wenn es um zwischenmenschliche Beziehungen geht? Bin ich ein Monster? Habe ich ein ernst zu nehmendes Problem oder ist mein Verhalten vielleicht doch ganz normal nach all den Enttäuschungen, die ich während meines Lebens erfahren musste?

All die quälenden Fragen in meinem ratternden Hirn treiben mich raus in den Klinikpark. Einfach mal ein paar Runden durch die frische Nachmittagsluft schlendern und den Kopf freibekommen, denke ich mir, lasse mir bereitwillig den Sommerwind um die Nase wehen und die leichten Regentropfen mit meinen Elefantentränen eins werden. Ja, ich weine ungeniert drauflos, während ich so durch die Gegend spaziere und mich immer weiter hineinkatapultiere in die tiefsten Tiefen meiner verkorksten Gefühlswelt. Ich weiß ja selbst, dass es zur Symptomatik einer Borderline-Persönlichkeitsstörung gehört, intensive Beziehungen einzugehen, die am Ende nicht lange halten. Verdammt, ich weiß das alles, doch sollte ich nicht gerade deshalb in der Lage sein, etwas daran zu ändern? Habe ich denn in meinen unzähligen Therapiesitzungen rein gar nichts gelernt? Oder bin ich einfach doch nur ein kleiner, jämmerlicher Freak?

Ich halte all die beklemmenden Fragen nicht mehr länger aus. Meine Emotionen sind so überwältigend, dass ich nicht mehr anders kann und meinen Frust aus tiefster Seele lautstark in den finsteren Park hinausschreie. Es ist einer dieser Momente, in denen ich mich hasse, aus tiefstem Herzen einfach nur hasse. Wieder schießen mir Tränen in die Augen, um mich herum wirkt alles schrecklich farblos und blass. Der regenverhangene Himmel über mir scheint immer näher zu kommen. Bedrohlich näher, als wolle er mich mit all seinen schwarzen Zombiewolken gierig verschlingen.

Nichts könnte meiner maroden Emo-Welt ein besseres Bild geben als diese düstere Endzeitstimmung, in deren Mitte ich mich auf einer Parkbank niederlasse und mich zusammengekauert in Selbstmitleid suhle.

Längst bin ich klatschnass vom immer stärker auf mich herabprasselnden Regen. Ich zittere vor Kälte, doch stören tut es mich nicht. Je länger ich nämlich so dasitze, desto ruhiger werde ich. Das vertraute Geräusch, die Monotonie der um mich herum auf Asphalt und Wiesen platschenden Tropfen, all das wirkt fast so beruhigend wie das leckere Lavendel-Schoki-Gemisch, das ich abends vor dem Schlafengehen so gern trinke. Eine wohlige Wärme breitet sich in mir aus, was allerdings genauso gut an den Sonnenstrahlen liegen könnte, die sich mittlerweile wieder ihren Weg durch die Wolkenlöcher bahnen und mir fast ein zaghaftes Lächeln abringen können.

Gerade als ich mich über den farbenfroh funkelnden Regenbogen freue, der sich kraftstrotzend vom einen zum anderen Parkende vor mir aufbäumt, kommt mir meine geliebte Oma in den Sinn. Ich weiß, es klingt wie direkt aus einem billigen Groschenroman geklaut, dass sie ausgerechnet an meine Gedankentür klopft, als ich einen Regenbogen sehe, doch es sind oft diese besonderen Momente, in denen ich an sie denken muss. Ich fühle mich mit Oma noch immer auf eine ganz besondere Weise verbunden, auch wenn sie längst irgendwo dort oben auf ihrer eigenen Kuschelwolke sitzt. Ich bin ja eigentlich kein gläubiger Mensch, aber vielleicht ist sie ja tatsächlich noch irgendwo, in welcher Form auch immer, und wacht über mich wie ein treuer Schutzengel. Vielleicht hat sie da oben mitbekommen, wie verzweifelt ich momentan bin. Eines jedenfalls ist sicher: Oma hätte jetzt den richtigen Rat für mich gehabt, sie kannte mich einfach am besten.

In Gedanken mit ihr verbunden mache ich mich auf den Weg zurück in mein karges Krankenzimmer. Mir geht es besser, obwohl die Fragezeichen in meinem Kopf noch immer munter Cha-Cha-Cha tanzen. Ich schlüpfe erst einmal in trockene Klamotten, bevor ich es mir auf dem quietschenden Bett so gemütlich mache, wie es eben geht. Da liege ich nun wieder, starre statt des Himmels die graue Krankenzimmerdecke an und denke darüber nach, was Oma mir jetzt wohl gesagt hätte.

»Kind, du bist nicht allein, du hast doch mich«, höre ich ihre Stimme, als würde sie direkt neben mir sitzen und liebevoll meine Hand tätscheln. Da ich weiß, dass dem leider nicht so ist, schließe ich die Augen und tauche immer tiefer ein in die Vorstellung, mit Oma am Küchentisch meine Probleme zu wälzen. Wie oft hatten wir das in den vergangenen Jahren getan, wenn ich einmal wieder vor einem Problemberg gestanden und mich von allem und jedem verlassen gefühlt hatte.

»Myriam, die Menschen sind einfach überfordert mit dir und deiner Krankengeschichte, nimm es ihnen nicht übel.«

Ja, exakt das hat sie immer gesagt und mir den Tipp gegeben, einfach ich selbst zu sein, offen durchs Leben zu gehen, denn wenn die Zeit reif für neue Menschen wäre, würde ich es schon merken.

Die Vorstellung, mit meiner Oma zu sprechen, lässt mich immer ruhiger und ruhiger werden, bis ich schließlich einschlafe und erst am nächsten Morgen wieder wach werde, als die Schwester ins Zimmer stürmt, die Vorhänge aufreißt und mir die grellen Strahlen der Morgensonne ins Gesicht knallen. Ein lautes »Guten

Morgeeeen« tut sein Übriges, und ich sitze kerzengerade im Bett, bereit, die neuesten Herausforderungen, die mein Leben an mich stellt, zu meistern.

Da ist sie wieder! Die Power-Myriam, die so schnell nichts umhauen kann!

Ich spüre sogar so etwas wie einen Anflug von guter Laune und beschließe, nun doch einmal Kontakt mit meinen Bettnachbarinnen aufzunehmen. Lena, die Mittvierzigerin links neben mir, sieht wirklich bescheiden aus. Pardon, aber anders ist es nicht zu beschreiben. Die Haare hängen ihr strähnig ins aufgedunsene, rot gefleckte Gesicht, das außer Leere nicht viel ausstrahlt. Sie hat die meisten Jahre ihres traurigen Lebens nicht nur ein paar zu viel über den Durst getrunken, wie sie mir bereitwillig erzählt, nein, Lena ist eine waschechte Alkoholikerin mit Leberzirrhose im fortgeschrittenen Stadium.

Und dann ist da noch die echt süße Muslimin Amal, die mir in der Nacht meiner Einlieferung gar nicht aufgefallen ist. Nun weiß ich auch, warum. Thomas war ja bei mir gewesen, und sie als äußerst strenge Muslimin, ohne Kopftuch im Bett, war – schwuppdiwupp – beim Anblick des für sie fremden Mannes direkt mal unter ihrer Decke verschwunden. Nun lachen wir gemeinsam über unsere erste Begegnung, wie wir noch sehr oft lachen sollen, denn es werden die witzigsten, schönsten und ausgelassensten Krankenhaustage meines Lebens.

Der Name Amal steht nicht ohne Grund für Hoffnung, genau diese gibt mir meine neue Krankenhausfreundin in den nächsten Tagen immer und immer wieder. Habe ich zwischendurch mal einen Durchhänger, quasselt sie mich kurzerhand voll vom Koran oder den Rechten muslimischer Frauen, denn sie hat mitbekommen, dass es mich durchaus interessiert.

Auch Lena lässt sich von unserer guten Laune anstecken, und so werden wir schnell zum absoluten Dream-Team, das sich weder durch die Schwestern und Pfleger, noch durch irgendeinen Arzt die gute Stimmung vermiesen lässt. Unser Zimmer funktionieren wir kurzerhand zum Friseursalon, dann wieder zur Spaßmeile um. Gern würden wir auch zusammen das Klinikgelände unsicher machen, doch weil Lena nicht rausdarf, sie könnte sich ja irgendwo Hochprozentiges besorgen, bleiben wir gemeinsam in unserer Höhle. Es fühlt sich fast ein wenig an wie Urlaub oder Klassenfahrt, wären da nicht die von mir so heiß geliebten Weißkittel, die mächtig Spaß daran gefunden haben, die liebe Krebs-Myri samt ihres Körpers so richtig auf den Kopf zu stellen – mal wieder.

Rund um die Uhr bekomme ich Infusionen zum Spülen der Nieren, hoch dosiertes Antibiotikum soll der Entzündung einheizen und den Garaus machen. Als wäre das nicht schon genug, stellen die Ärzte in meinem Vaginalkanal hin zum Harnleiter auch noch eine Fistel fest. Diese kleinen frechen Bakterien haben es tatsächlich mal wieder geschafft, mit großem Getöse meine Blase zu erobern, was für all den wirklich überflüssigen Entzündungswahnsinn gesorgt hat. Und was ist die Ursache? Die verfickten Bestrahlungen der Krebstherapie!

Der nun folgende Nierenultraschall ist nur der Anfang eines wahren Untersuchungsmarathons, den ich über mich ergehen lassen muss.

»Wir müssen mal Ihren Magen, die Aorta und das Herz genauer anschauen«, sagt einer der Ärzte.

»Immer zu«, antworte ich, schließlich bin ich es ja mittlerweile gewohnt, dass irgendwie und irgendwo an mir herumgefummelt wird. »Macht einfach«, denke ich mir beinahe resignierend und lasse geduldig sämtliche Prozeduren über mich ergehen.

Der Arzt kann allem Anschein nach gar nicht genug Bilder von meinem Innenleben bekommen. Er schallt und schallt sich in meinen Körper hinein, blickt gebannt auf den kleinen flackernden Bildschirm, schallt erneut und sieht dabei so glücklich aus wie ich, wenn ich vorm Fernseher liege und meine Lieblingsserien schaue.

»Atmen Sie mal tief ein, halten Sie die Luft an und atmen Sie tief aus.«

Ich tue ihm den Gefallen, kann seine Faszination für das Prozedere aber nur schwerlich teilen.

»Interessant, interessant«, murmelt er immerzu vor sich hin und stürzt sich förmlich auf den zufällig vorbeikommenden Chefarzt. Er faselt irgendetwas von

Aorten-Blablabla-Rückfluss. Ich kann es nicht richtig verstehen. Es fällt auch das Wörtchen »Phänomen«, ob das allerdings gut oder schlecht ist, kann ich in diesem Moment so gar nicht einschätzen, denn ich verstehe einfach nur noch Bahnhof. Was mir allerdings nicht verborgen bleibt, ist, dass der Chefarzt alles stehen und liegen lässt.

»Atmen Sie mal tief ein, halten Sie die Luft an und atmen Sie tief aus«, fordert nun auch er.

»Ja doch, aber vielleicht erklärt mir endlich mal jemand, worum es hier überhaupt geht?«

Langsam bekomme ich Panik und werde auch echt böse. Haben die etwa schon wieder irgendetwas Schlimmes entdeckt? Muss ich mich etwa erneut darauf einstellen, so schnell nicht wieder nach Hause zu dürfen? Wehe!

»In der Regel ist es so, dass sich die Aorta beim Einatmen füllt, und beim Ausatmen fließt das Blut über die Hohlvene zurück. Bei Ihnen geht das erstaunlich langsam.«

»Aha, und wann muss ich sterben?«

»Nein, Frau von M., keine Angst. Das ist ein Ultraschallphänomen, mehr nicht«, erklärt mir der Chefarzt, lächelt mich an und legt mir beruhigend seine riesigen Pranken auf den Arm.

Auch wenn ich nicht wirklich verstehe, was das nun zu bedeuten hat, purzeln mir gefühlt eine Milliarde Steine vom Herzen, und ich denke mir: »Okay, wenn es ein Phänomen für die ist, bitte schön, Hauptsache, ich muss nicht daran krepieren und darf endlich hier raus.«

Das darf ich dann auch recht schnell, und kaum bin ich zurück in Bad Schwalbach, habe ich mit üblen Schmerzen in der Magengegend zu kämpfen. Zunächst schiebe ich es auf all die Medikamente, die ich in der Klinik regelrecht in mich reinschaufeln musste. Weil dummerweise gerade Wochenende ist und alle Arztpraxen geschlossen sind, bleibt mir nichts anderes übrig, als direkt wieder ins Krankenhaus zu fahren, dieses Mal in Schwalbach, um mir ein anderes Präparat verschreiben zu lassen. Das war eine ganz dumme Idee, denn die wollen mich mal wieder direkt dabehalten. Ich weiß auch nicht, woran das liegt, anscheinend habe ich irgendetwas auf der Stirn stehen, das Krankenhausärzte unglaublich neugierig macht.

»Sie haben eine Darmentzündung, damit können wir Sie wirklich nicht wieder nach Hause lassen«, sagt mir der Arzt und will mich zum Röntgen und dann weiter auf Station schicken. Er hat dabei sicher an alles gedacht, nur nicht an die Reaktion einer Myriam von M., die die Schnauze so was von voll hat von Krankenhäusern, dass sie alles tun wird, außer seinen Rat zu befolgen.

»Guter Mann, ich will sicher nicht Ihre Kompetenz anzweifeln, aber eine Darmentzündung habe ich ganz sicher nicht, röntgen brauchen Sie mich somit auch nicht, und hierbleiben, das kommt auf gar keinen Fall infrage.«

Im Normalfall hätte ich mich jetzt umgedreht und ohne Rücksicht auf Verluste das Krankenhaus verlassen. Doch dieses Mal ist blöderweise meine Mom mit dabei, und für die sind Ärzte so etwas wie Götter, haben somit immer recht und in ihr eine Verbündete auf Lebenszeit. Sie versucht, mich mit ihrer recht forschen Art davon zu überzeugen, dass ich bleibe. Ich will nicht, aber damit sie endlich die Klappe hält, stimme ich zumindest zu, schnell ein paar Röntgenbildchen von mir schießen zu lassen. An meinen Arm hat Frau Doktor schon eine Infusion angeschlossen, die ich irgendwie als Fessel wahrnehme. Wie eine Handschelle, die mich an den Infusionsständer und somit an die Klinik kettet. Während wir im Wartebereich herumsitzen, sehe ich mich schon wieder die nächsten Wochen im Krankenbett verbringen. »Ohne mich!«, denke ich und spüre, wie ein Vulkan aus Wut und Ärger in mir hochkocht.

»Ich muss einen Scheiß, ihr könnt mich alle mal, ich bleibe nicht hier!«

Aufgebracht reiße ich meinen Infusionsbeutel vom Ständer, nehme ihn in die Hand und renne schnurstracks aus der Klinik direkt zu meinem Auto. Ich setze mich hinters Steuer und will gerade den Motor starten, als meine Mutter angerannt kommt, völlig außer

Atem, und mich förmlich anbettelt, wieder mit ihr reinzugehen.

»Auf keinen Fall!«, raunze ich sie an.

»Aber die Infusion?!«

»Die ziehe ich mir zu Hause selbst.«

Mom beginnt, jämmerlich zu weinen. Das macht sie immer gern, wenn sie bei mir nicht weiterkommt. Sie weiß genau, dass ich sie nicht weinen sehen kann und dann meistens alles tue, Hauptsache, sie beruhigt sich wieder. Ja, sie schafft es auch dieses Mal, und so steige ich widerwillig aus meinem Auto und schlurfe hinter ihr her in die Klinik. Schon wieder Krankenhaus, ich halte es nicht aus. Meine Mom ist erleichtert, ich hingegen aufgebracht und so richtig angepisst, als würde ich ahnen, was in dieser Nacht noch auf mich zukommen wird.

Im Bett neben mir liegt eine ältere Dame. Was ihr fehlt, weiß ich noch nicht, ganz offensichtlich ist es aber ebenfalls irgendetwas mit dem Darm. Die ganze Nacht krabbelt sie nämlich immer und immer wieder aus ihrem Bett, um an mir vorbei in die kleine Toilette zu robben, Stunde um Stunde, an Schlaf ist da absolut nicht zu denken, und ich tue mir einfach nur leid. Ich will nur noch nach Hause auf mein Sofa.

Die Sonne hat kaum das Dunkel der Nacht aus unserem Zimmer vertrieben, da beginne ich auch schon, im Zehnminutentakt nach der Stationsschwester zu klingeln. Hui, ist die böse, dass sie immer und immer wieder zu mir eilen muss. Dabei will ich doch nur eines: ein Formular, auf dem ich mich mit meiner Unterschrift selbst entlassen kann. Sie will es mir einfach nicht bringen, also klingele und klingele ich und fordere, einen Arzt zu sprechen. Auch den Wunsch erfüllt sie mir nicht – ein fataler Fehler. Jetzt nämlich werde ich zur Furie, tue alles, damit das Personal mich nicht mehr eine einzige Minute dort haben will. Es wirkt, und ich bekomme recht schnell meine Papiere, mit denen ich mich schließlich selbst auf eigene Verantwortung in die Freiheit entlasse.

Es ist die richtige Entscheidung, wie mir am nächsten Tag auch meine Onkologin bescheinigt. Eine Darmentzündung habe ich nämlich wirklich nicht, wie vermutet ist es nur ein neues Medikament, das mich von meinen Schmerzen befreit. Manchmal muss man sich eben doch über die Meinung der Götter in Weiß hinwegsetzen, sich auf die Signale des eigenen Körpers verlassen und für sein Wohlbefinden eintreten.

Endlich wieder einhundert Prozent Frau

Ich bin wieder zu Hause. Allein. Meine Nieren arbeiten zwar mittlerweile halbwegs normal, und auch die Darmbeschwerden haben sich in Wohlgefallen aufgelöst, doch da dreht meine Psyche mal wieder durch. Ich fühle mich restlos kacke, wie immer, wenn ich nach einer Weile im Krankenhaus zurück in mein Leben muss. Dieses Mal ist es vielleicht sogar noch etwas krasser, weil ich in Mannheim mit den beiden Mädels wirklich Spaß hatte, mich rundherum einfach nur wohlgefühlt habe.

Nun hocke ich wieder in der riesigen Wohnung, aus der ich noch dazu bald ausziehen muss. Ich kann sie allein nicht halten, und Jesse kann nicht ewig seinen Mietanteil zahlen, obwohl er längst woanders wohnt. Alles erinnert mich an die schönen Zeiten mit ihm, meinem großen Beschützer. Es hätte alles so schön sein können.

Meine Zukunft wird immer mehr zum riesengroßen Fragezeichen. Das Geschäft läuft mehr schlecht als recht, meine vermeintlichen neuen Freunde aus

Mannheim sind wie all die anderen vor ihnen vor meinen Krankheits- und Lebenseskapaden geflüchtet, und auch ein neuer Mann ist nicht in Sicht.

Mein Leben findet immer mehr in den Weiten des World Wide Web statt. Stundenlang surfe ich durchs Netz, vornehmlich auf Kontaktbörsen bin ich unterwegs, dort, wo sich all die einsamen Seelen tummeln, die auf der Suche nach ein klein bisschen zwischenmenschlichem Austausch, Abwechslung vom Alltagswahnsinn und vielleicht hin und wieder auch ein wenig Spaß sind.

All das sollte ich in der Tat finden, völlig risikolos in der unendlichen Anonymität des Internets. Ein paar Monate geht das so, bis es in der Vorweihnachtszeit, ich packe gerade Umzugskisten, plötzlich an meiner Tür klopft. Ich öffne und traue meinen Augen nicht. Da steht er, mein fleischgewordener, vollbärtiger Traummann. Michael hatte sich einfach mal so ins Auto gesetzt, um von seiner Heimat Graz aus nach Bad Schwalbach zu fahren, nur um mich zu sehen. Wow, das hat noch keiner für mich getan!

»Hallo, hier bin ich!«

Ich kann es kaum glauben und bin völlig überwältigt. Mit blinkenden Herzen in den Augen starre ich ihn an, dieses Bild von einem Mann, den ich bislang ja nur aus dem Internet kannte. Dass das Knistern, das fortan in der Luft liegt, nicht die komplette

Stromversorgung der Stadt lahmlegt, grenzt wirklich an ein Weltwunder. Ich bitte ihn herein, krame schnell die Kaffeemaschine aus einer der Umzugskisten heraus und koche uns erst mal einen leckeren Cappuccino. Gefremdelt wird überhaupt nicht, als würden wir uns schon eine Ewigkeit kennen, verstehen wir uns auch im realen Leben auf Anhieb. Michael hilft mir beim Umzug ins alte Haus meiner schmerzlich vermissten Oma, wo wir es uns in den nächsten Tagen so richtig gut gehen lassen.

Ich genieße jede einzelne Sekunde und schreie ein unfassbar lautes »Jaaaaa« in die Welt, als er mich fragt, ob ich Weihnachten mit ihm und seiner Familie in Österreich verbringen wolle. Doch was mache ich mit Basti? Wir beide getrennt zum Fest der Liebe? Kann ich es verantworten, meinen kleinen Schnubbel an Weihnachten allein bei seinem Vater und seiner Familie zu lassen? Schweren Herzens entscheide ich mich dafür, ich muss jetzt einfach auch mal an mich denken.

Körperlich geht es mir gerade gar nicht schlecht, und so gelingt es mir tatsächlich, den Trip nach Graz so richtig zu genießen. Die Stadt ist einfach traumhaft, anders kann ich es nicht sagen. Und der Kaiserschmarrn, einfach himmlisch, die Menschen offen und unkompliziert. Ich fühle mich schnell willkommen und akzeptiert, auch Michaels Familie scheint mich zu mögen. Meine Zukunft, die noch bis vor Kurzem aus Fragezeichen bestanden hat, formt sich hier immer mehr zu konkreten Bildern. Ja, Graz könnte ich mir als neue Heimat vorstellen, weit entfernt von all den üblen Dingen, die mir zu Hause so arg mitgespielt haben.

Eine Weile pendle ich hin und her, bis mir all die Fahrerei schlicht zu viel wird. Basti geht es bei seinem Dad hervorragend, und so nehme ich mir ohne schlechtes Gewissen ein WG-Zimmer in Graz, es soll ja nur vorübergehend sein, bis ich psychisch wieder etwas gefestigter bin. Eine ganze Weile funktioniert das auch sehr gut, alles ist wunderbar, beinahe paradiesisch, bis mein Körper wieder anfängt zu zicken. Und dieses Mal ist es nicht nur die Niere.

Im Grazer Klinikum lasse ich einen Abstrich machen. Nichts Außergewöhnliches, ganz normal im Rahmen meiner Vorsorgeuntersuchungen. Die Werte beunruhigen die Ärzte erneut ein wenig. Es sei noch nicht bedrohlich, doch aber auf einem Level, das es zu beobachten gelte. Oh Mann, ob ich irgendwann einmal zur Ruhe komme?

Die österreichischen Ärzte gefallen mir irgendwie. Sie sind charmant, locker und fast ein wenig witzig und scheinen auch keinen großen Unterschied zwischen Arm und Reich zu machen. Hut ab! Ob sie vielleicht die Richtigen sind, um endlich meine Wiederherstellungsoperation anzugehen, die ich ja schon so lange vor mir herschiebe? Eigentlich war sie ja schon ein halbes Jahr nach der ersten OP angedacht. Es wird echt langsam Zeit, schließlich würde ich schon gern mit Michael schlafen, er hat es mir einfach mächtig angetan. Aber auf keinen Fall so, wie ich aktuell da unten aussehe: völlig verstümmelt und irgendwie unvollständig.

Wäre da doch bloß nicht diese quälende Angst, Angst vor den unerträglichen Schmerzen, die mir nur zu gut noch von der letzten OP in Erinnerung geblieben sind. Doch ich weiß, dass die Voraussetzungen dieses Mal ganz anders sind. Ich kann mich nicht nur mental auf den Eingriff vorbereiten, sondern habe noch dazu ein Ziel vor Augen: eine endlich wieder vollständige Myriam! Außerdem geht es nun nicht darum, etwas Krankes, Bösartiges herauszuholen, sondern etwas Neues, Gesundes aufzubauen. Ja, das gefällt mir, endlich wieder zu einhundert Prozent Frau sein!

Die Mediziner in der Klinik machen mir dann auch wirklich Mut, sprechen von »ausreichend Gewebemasse an Oberschenkeln und Po«, die sie für die Wiederherstellung benötigen. »Na danke«, denke ich. Doch es beruhigt mich auch, und so stimme ich dem

Eingriff zu, der sich tatsächlich als völlig unkompliziert und simpel herausstellt.

Morgens um sechs Uhr muss ich da sein. Klar, aufgeregt bin ich schon, weiß aber genau: Das wird gut! Fast ein wenig euphorisch starte ich in mein Abenteuer der Wiederherstellungschirurgie, schlucke freudig mein Tablettchen und werde dieses Mal auch schnell müde. Dass ich wegen eines dazwischengekommenen Notfalls ewig warten muss, stört mich nicht. Erst gegen Mittag rolle ich in den OP-Saal. Na ja, eigentlich ist es mehr eine OP-Fabrik, denn hier reihen sich unzählige OP-Kabinen in einem mir endlos erscheinenden Gang aneinander. Irgendwie kurios. Ein kurzfristig aufkommendes Gefühl der Unsicherheit wird mir durch die nette Anästhesistin direkt wieder genommen, die mich auf eine warme, luftgepolsterte Unterlage bettet und mir gut zuredet: »Keine Angst, liebe Frau von M., wenn Sie aufwachen, sieht die Welt für Sie wieder ganz anders aus, alles wird gut!«

Ob sie wohl recht behält? Zumindest spüre ich schon mal keinen Schmerz, als ich völlig benebelt im Aufwachraum zu mir komme. Zwischen meinen Schenkeln spüre ich eine Einlage. Okay, bequem ist anders, denn sie ist ziemlich breit, sodass ich meine Beine nicht wirklich zusammenmachen kann.

Recht schnell komme ich auf mein Zimmer, wo ich nur eine einzige Sorge habe: mein unglaublich knurrender Magen. Und wer mich kennt, weiß, wie unangenehm ich werden kann, wenn ich Hunger habe. Krass, normalerweise ist mir nach Operationen grundsätzlich schlecht, dieses Mal aber ist alles anders. Das habe ich wohl der lieben Anästhesistin zu verdanken. Das Loch in meinem Bauch wird größer und größer, ich will nur noch eines: essen. Doch ich darf noch nicht. Auch am Abend, als meine Zimmernachbarinnen neben mir munter ihre unfassbar köstlich duftenden Bockwürste verspeisen, muss mich die Stationsschwester enttäuschen.

»Sorry, Sie dürfen noch nicht!«

Ich könnte für diese schäbige Wurst töten und beginne regelrecht zu betteln. Der Arzt, der glücklicherweise gerade bei mir nach dem Rechten schaut, zeigt sich verständnisvoll und wird zu meinem persönlichen Helden des Tages.

»Geben Sie der Frau doch ihre Wurst, mehr als auskotzen kann sie die doch nicht.«

Mein Gott, ich kann gar nicht beschreiben, wie fantastisch dieses gebrühte Teil schmeckt, einfach himmlisch. Eigentlich hasse ich Bockwürste, aber diese ist ein Traum. Fast muss ich selbst über mich lachen, dass ich nach der OP nichts anderes im Kopf habe, als das

Füllen meines Magens. Hahaha, allzu schlecht kann es mir ja wirklich nicht gehen. Als willkommenen Nachtisch serviert mir der Doc dann auch noch die Nachricht, dass der Eingriff erfolgreich verlaufen sei. Dem Himmel sei Dank!

Der Heilungsprozess in den kommenden Tagen verläuft ebenfalls zur allgemeinen Zufriedenheit, und meine Neugier hinsichtlich des sichtbaren Ergebnisses wächst schnell ins Uferlose.

»Frau von M., ein wenig müssen Sie sich noch gedulden, und vor allem sollten Sie sich mit dem Gedanken anfreunden, dass Sie da unten keine Wunder erwarten dürfen, es wird sich schon ein wenig von einer normalen Vulva unterscheiden, vor allem wird sie sich, besonders zu Beginn, anders anfühlen.«

Dass nicht alles wie zuvor werden würde, ist mir schon klar. Und die Taubheitsgefühle, von denen er spricht, sind mir ehrlich gesagt ziemlich egal. Ich will es sehen, auf jeden Fall, so schnell wie möglich!

Beim ersten Verbandswechsel ist es dann so weit. Da ist er wieder, der kleine Handspiegel, mit dem ich einen ersten scheuen Blick runter zu meiner Mumu wage.

»Fuck! Igitt! Das sieht ja furchtbar aus!«

Alles ist megageschwollen, überall schrecklich aussehende Stiche und Fäden, fast ein wenig frankensteinmäßig. Ich bin echt enttäuscht und geknickt, begebe mich direkt in den freien Fall und in ein tiefes Loch. Weg sind sie, all meine Hoffnungen, die ich in diese OP gesetzt hatte. Nie, aber auch wirklich niemals werde ich wieder ein normales Sexualleben haben, DAS jedenfalls kann ich niemandem zeigen.

»Seien Sie nicht traurig, geben Sie allem ein wenig Zeit, das sieht nur jetzt für Sie so schrecklich aus. Hätte ich Ihnen die Nase gerichtet, würden Sie im Gesicht auch ausschauen wie ein Preisboxer.«

Okay, der Mann weiß, mit welchen Worten er mich für sich gewinnt, und zaubert mir fast ein kleines Lächeln ins Gesicht. Auf jeden Fall hat er mich beruhigt.

In der Tat wird es von Tag zu Tag besser, und als sich die Fäden erst einmal vollständig aufgelöst haben, sehe ich fast wieder aus wie eine ganz normale Frau. Klar, es spannt alles noch ein wenig, hier und da fühlt es sich auch etwas komisch an, doch insgesamt bin ich wirklich zufrieden. Gelungene Arbeit! Am liebsten würde ich der ganzen Welt zeigen, wie fantastisch ich zwischen den Beinen ausschaue. Hahaha, ich denke allerdings, es ist besser, es vielleicht doch erst einmal auf Michael zu begrenzen.

Das tue ich dann auch, nachdem wir kurz darauf mein neues Leben mit ordentlich österreichischem Bier gefeiert haben. Endlich haben wir Verkehr. Nicht einfach nur Sex, es ist der beste, den ich je gehabt habe.

Ich genieße unser leidenschaftliches Spiel in vollen Zügen, lasse alles los und gebe mich ihm völlig hin. Und das Allerbeste: Michael merkt nichts! Ich hatte die Sache mit meiner verstümmelten Mumu und der Wiederherstellung die ganze Zeit vor ihm verheimlicht und deshalb unser erstes Mal ständig mit den blödesten Begründungen hinausgezögert. Nun aber war es so weit, und was soll ich sagen: Manchmal lohnt sich das Warten. Mein Leben strahlt in kunterbunten Farben, alles scheint sich langsam, aber sicher wieder zu normalisieren. Ja, ich schwebe tatsächlich auf Wolke sieben, selbst meine kleinen Psychomonster trauen sich nicht mehr, gegen meine innerliche Stärke anzutreten. Ich fühle mich einfach wohl in meiner Haut, ich bin wieder eine ganze Frau – inklusive Mumu und wunderschönen Haaren. Dass die nicht echt sind, merkt wirklich niemand. In meine kurzen, dünnen Haarreste habe ich wunderschöne Extensions einflechten lassen, ich muss selbst sagen: Ich sehe hammer aus.

Es sind nahezu paradiesische Zustände, es läuft prima mit Michael, bis nach etwa einem halben Jahr die knalligen Farben in meinem Leben langsam, aber sicher wieder verblassen. Es ist irgendwann um Ostern 2006, als sich erneut Nierenbeschwerden ankündigen, mich zusätzlich üble Herzrhythmusstörungen nerven und zu allem Überfluss auch der Gebärmutterbefund nicht besser werden will.

Arztbesuche, Krankenhaus, Angst – das ganze Programm ist back in Myriams life, inklusive furchtbarer Psychophasen, die mich an den Rand des Wahnsinns treiben. Die Folge, wie hätte es auch anders sein können: Michael hält es nicht aus und macht Schluss! Einfach so. Peng!

Frau Fleischwursts Erwachen

Es macht mich wütend und traurig zugleich, ich kann und will nicht verstehen, was in Menschen wie Michael vorgeht, die sich einfach mal so aus meinem Leben verabschieden, fast schon panisch, als würden sie vor einem riesigen Monster flüchten. Krebs ist doch nicht ansteckend. Warum bloß kann man mich nicht einfach nur lieben? Trotz Krebs! Ich bin doch noch immer die ganz normale Myriam!

Alexander, Kandidat Nummer zwei aus der Internetkontaktbörse, hatte es mir ja prophezeit. Ich war die ganze Zeit mit ihm in Kontakt geblieben, während ich in Graz mein Leben lebte. »Der Ösi«, hat er Michael immer genannt. Doch ich wollte es nicht hören, hatte mir der Ösi doch verdammt noch mal wirklich eine rosarote Brille verpasst, und Alex war der nette Kumpel gewesen, der weit entfernt in Siegen war und mir per Chat immer ein Ohr – oder besser gesagt ein Auge – geschenkt hat, wenn ich ihn brauchte.

Wir verstanden uns gut, auf die Entfernung zumindest, denn gesehen hatten wir uns ja noch nicht. Aber nun, wo ich in Graz allein vor mich hin hause, ist es vielleicht endlich an der Zeit, ihn doch mal Face-to-Face zu sehen. Obwohl es mir wirklich alles andere als gut geht, mobilisiere ich alle noch vorhandenen Kraftreserven in mir, um zu ihm zu reisen. Ich borge mir unter dem Vorwand, dringend nach Hause zu müssen, Michaels Auto und rattere los. Knapp neunhundert Kilometer über die Autobahn, das bietet reichlich Gelegenheit, gedanklich mein Leben einmal wieder bis ins Kleinste zu zerpflücken und angstvoll in die Zukunft zu blicken. Einfach mal den Moment genießen, das gelingt mir einfach nicht. Von Michael sitzengelassen, scheine ich mich direkt in die nächste Affäre flüchten zu wollen. Doch was, wenn Alexander sich in Wirklichkeit als absolutes Arschloch entpuppt? Wenn er gar nicht der nette Kerl ist, den ich während der vergangenen Monate im Chat so sehr in mein Herz geschlossen hatte? Macht es überhaupt Sinn, sich erneut auf einen Typen einzulassen, der sich beim kleinsten Anflug von Krankheit ohnehin wieder aus dem Staub machen würde?

Mein Herz pocht immer mehr, je näher ich Richtung Siegen komme. Irgendwie setze ich all meine Hoffnung in diesen Besuch, und werde auch nicht enttäuscht.

Alexander empfängt mich mit einem breiten Grinsen. Er scheint es zu genießen, dass eine junge Frau extra für ihn neunhundert Kilometer über die Autobahn gefegt ist. Auch in natura ist er mir extrem sympathisch, ganz davon abgesehen, dass er ein echtes Schnuckelchen ist. Genau wie Michael mit einem Vollbart, groß, stark und langen Haaren – genau meins. Wir verstehen uns prima, reden die ganze Nacht, bevor ich am nächsten Morgen wie beflügelt zurück nach Graz düse, eigentlich nur noch, um Michael sein Auto zurückzubringen und dann direkt wieder aufzubrechen.

Nichts hält mich mehr im Ösi-Land, ich will nur noch zurück nach Deutschland, zu meinem Sohnemann Basti, den ich lang genug vernachlässigt habe, und natürlich in die Nähe von Alexander. Innerhalb von 24 Stunden fahre ich fast 2.400 Kilometer. Wow, das ist eigentlich ganz und gar nicht mein Ding, doch es zeigt mir, dass Alexander ganz schön was in mir ausgelöst hat.

Meine Oma würde jetzt sagen: »Kind, die Tränen vom einen noch nicht ganz getrocknet, schon ist der Nächste im Spiel.«

Ja, das hätte sie gesagt, und das auch nicht unbegründet. Doch was soll ich tun? Mich hat's nun mal ganz einfach erwischt. Am liebsten würde ich direkt bei Alex einziehen, weiß aber selbst, dass das etwas zu voreilig wäre. Also entscheide ich mich doch für meine eigene Bude in Hofheim, allein schon wegen Basti, der nach den turbulenten Monaten endlich mal ein wenig Kontinuität in unserer Beziehung braucht – und ehrlich gesagt, ich auch. Zwar geht es ihm wirklich gut bei seinem Dad, aber nun kann er wenigstens wieder regelmäßig an den Wochenenden bei mir sein.

So nehmen die Dinge einen für meine Verhältnisse ungewohnt positiven Lauf. Auch wenn Alex weiter in Siegen arbeitet, ist er doch immer öfter bei Basti und mir. Die beiden verstehen sich blendend, und irgendwie fühlt sich das Ganze für mich ein wenig an wie eine kleine glückliche Familie, der nichts und niemand etwas anhaben kann. Selbst, dass mein Studium wegen all der Krankengeschichten auf Eis liegt, mein Friseurgewerbe nach der turbulenten Zeit in Österreich den Bach runtergegangen ist und ich mittlerweile nicht mehr nur pleite bin, sondern tatsächlich Insolvenz anmelden musste, kann mir kaum etwas anhaben. Ich wäre der glücklichste Mensch der Welt, würde doch bloß noch die Gesundheit mitspielen.

Tut sie aber nicht. Meine HPV-Werte haben sich noch immer nicht verbessert. Ganz im Gegenteil, es ist sogar noch ein zusätzlicher Stamm hinzugekommen, einer von der besonders bösen Sorte, einer, der Krebs auslösen kann. Mir bleibt nichts anderes übrig, als öfter zur Kontrolle zu gehen, bis meinem Gynäkologen das so nicht mehr reicht. Er will unbedingt eine Biopsie machen, einfach um sicherzugehen.

Ich entscheide mich, in Karlsruhe eine Vaginoskopie machen und Gewebeproben entnehmen zu lassen, also quasi das Gleiche wie eine Magenspiegelung, nur für untenrum. Keine große Sache, doch leider bleibt sie nicht ohne Befund.

»Sie sind in der Krebsvorstufe schon sehr weit fortgeschritten, es ist besser, nicht mehr länger zu warten und umgehend eine Konisation anzusetzen.«

Ich kann und will einfach nicht glauben, was mir der Arzt da sagt. Geht das ganze Theater jetzt etwa wieder von vorne los? Ist es mir einfach nicht vergönnt, einfach mal mein kleines beschissenes Leben zu leben? Na gut, dann lasse ich mir eben die befallenen Areale rund um den Muttermund wegschneiden, was soll's? Aber auf keinen Fall in Karlsruhe, das ist zu weit weg, ich lasse mich in Wiesbaden operieren.

Obwohl mir die Ärzte raten, mich zügig um einen OP-Termin zu kümmern, lasse ich noch gut zwei Monate ins Land ziehen, bis ich mich endlich zum Vorgespräch aufraffe und in die Klinik gehe. Nicht einfach so, dieses Mal habe ich einen Plan, DEN Plan! Weg mit der gesamten Gebärmutter, damit ich ein für alle Mal Ruhe habe. Ich will ohnehin keine Kinder mehr kriegen, warum also weiter diese tickende Zeitbombe mit mir herumtragen?

Was für mich die absolute Ideallösung wäre, gefällt dem Arzt allerdings ganz und gar nicht: »Das ist ja wohl nicht Ihr Ernst, oder? Wir wollen jetzt aber hier mal nicht mit Kanonen auf Spatzen schießen.«

Fast ist er ein wenig ungehalten, von oben herab, und ranzt mich regelrecht an, als würde er mit einem kleinen Schulmädchen sprechen, das gerade eine

Wasserbombe aus dem Fenster auf den Kopf seines Lehrers geworfen hat.

»Was wissen Sie denn schon?«, poltere ich zurück. »Es ist schließlich mein Körper, einzig und allein mein Körper, und über den haben Sie ganz bestimmt nicht zu entscheiden, so weit kommt es noch!«

Das sieht der Gute leider wieder anders und lässt in dem Punkt wirklich nicht mit sich reden. Was also tun? Natürlich flüchten, was sonst?!

Immer weiter zögere ich den Eingriff hinaus, durchlebe schlimmste Borderline-Phasen, in denen ich mich massiv ritze und mein Umfeld beinahe in den Wahnsinn treibe. Auch Alex leidet sehr unter meinen Gefühlsausbrüchen, ich bin richtig assi zu ihm, das weiß ich selbst, bekomme es in diesen Momenten aber nicht mal richtig mit.

Eigentlich ist das schon vor ein paar Wochen losgegangen, als ich aus dem Haus meiner Oma in meine neue kleine Wohnung nach Flörsheim umgezogen bin. Alex half mir beim Kistenschleppen, wie ein paar andere auch, inklusive meiner Mutter. Und wie das immer so ist, wenn sie dabei ist, mischte sie sich ständig in alles ein und wollte mich unbedingt dazu überreden, für Basti einen alten Spielteppich mitzunehmen. Ich wollte das alte, verdreckte, hässliche Ding aber nicht, und wir begannen, uns heftig zu streiten. Es ging hin und her, ich fühlte mich einfach nicht ernst genommen und rastete völlig aus.

»Ich will das Kackding nicht«, schrie ich durch den Raum, während Alex das gute Stück packte und mit Karacho gegen die Wand feuerte. Stille. Keiner wagte es, auch nur einen Mucks zu tun, während es in mir heftig brodelte und ich kurz vorm Explodieren war. Ich war außer mir vor Wut, und mein Inneres glich einem Atomreaktor kurz vor der Kernschmelze. Ich holte aus und schlug mit meiner rechten Hand mit einer derartigen Wucht gegen die Tür, bis sie Matsch war. Ja, sie war Matsch, anders ist es wohl nicht zu beschreiben. Ich konnte regelrecht spüren, wie ein Knochen brach. Ans Aufhören konnte ich dennoch nicht auch nur eine Sekunde lang denken. Immer und immer wieder schlug ich gegen die Tür. Ich schrie und trat um mich, im Nu war alles voller Blut. Ich konnte nicht aufhören, und ehrlich gesagt wollte ich es auch nicht. Hass und Zorn trieben mich an. Ich wusste genau, was ich da tat. Ich wollte mit meinem Schmerz auf mich aufmerksam machen. Auch wenn es letztlich einen dreifachen Bruch zur Folge hatte, war ich an meinem Ziel angekommen. Vergessen war der olle Teppich, im Mittelpunkt des Geschehens stand nur noch ich.

Nicht alle Situationen waren derart krass, Gott sei Dank, aber Alex hat bis heute schon echt viel Mist mit mir durchmachen müssen. Nicht umsonst nennt er mich augenzwinkernd Frau Fleischwurst, kein Wunder, bei so vielen fleischigen, blutenden Wunden, die er bereits an meinen Armen sehen und versorgen musste.

Verständlicherweise fühlt er sich immer mehr von mir in die Ecke gedrängt, erst recht nach unserem gemeinsamen Besuch eines Stadtfestes im schönen Hofheim, bei dem ich regelrecht Amok gelaufen bin und kurzerhand mal eben sein Auto demoliert habe. Das Stadtfest nannte sich Wäldchestag, und wir hatten uns beide total darauf gefreut. Es fing auch echt lustig an, doch das sollte sich dummerweise sehr, sehr schnell ändern. Ich gebe es zu, es lag an mir, hatte ich doch an diesem Tag offensichtlich einen riesengroßen Caipi-Durst. Mein Gott, die Teile haben aber auch gut geschmeckt, ich konnte gar nicht genug davon bekommen. Leider aber hatten sie auch eine durchschlagende Wirkung. Es war fatal und führte mich in einen absoluten Blackout. Ich weiß wirklich nur noch sehr wenig, beispielsweise, dass ich eine panische Angst hatte, dass Alex mich verlassen, einfach irgendwann gehen würde. So wie all die anderen Jungs, die ich so sehr geliebt, und doch immer wieder vergrault hatte – mit meinen verfickten Krankengeschichten. Ich kann gar nicht sagen, warum ich ausgerechnet auf dem Stadtfest diese Platte gefahren habe. Es war wohl der viele Alkohol, der ja grundsätzlich meine melancholische Seite zum Leben erweckt.

Tatsächlich erinnere ich mich noch daran, dass ich selbst überrascht war von der krassen Alkoholwirkung und ich schon dachte, mir hätte jemand etwas in die Drinks gemischt. Ich taumelte nur noch ziellos durch die Gegend, weinte und schluchzte, was das Zeug hielt, und war nicht mehr so richtig Herr meiner Sinne. Klar, für Alex war der Wäldchestag somit auch gelaufen, und er brachte mich nicht gerade begeistert zurück zu seinem Auto. Er schämte sich für mich, wie er mir später erzählt hat, denn ich muss in meinem Frust laut herumgeschrien und alle Menschen darauf aufmerksam gemacht haben, dass er plane, mich wegen meiner Krankheit zu verlassen. Unzählige Schaulustige haben sich wohl um uns herum versammelt und haben das peinliche Schauspiel verfolgt. Ich hätte vielleicht im Nachhinein von den Veranstaltern noch eine Gage für meinen Auftritt fordern sollen. Na ja, eigentlich ist die ganze Geschichte wirklich nicht zum Lachen. Ich muss mich so krass aufgeführt haben, dass eine wildfremde Frau immer wieder versucht hat, mich irgendwie zu trösten.

»Er wird gehen, wie alle anderen, er wird gehen!« Ich muss mich so dermaßen in Rage geredet haben, dass sich meine Traurigkeit irgendwann in pure Panik verwandelte. Mittlerweile habe ich laut Alex schon auf dem Beifahrersitz seines Autos gesessen, oder besser gesagt gelegen, mit den Füßen an der Windschutzscheibe. Und eben diese bekam dann meinen ganzen

Frust zu spüren, als ich mich mit aller Kraft gegen sie stemmte und sie in tausend Teile zerspringen ließ. Ganz vage erinnere ich mich auch selbst daran, doch dann schalten die Teile meines Hirns ab, die für meine Erinnerungen zuständig sind. Alles ist schwarz.

Als ich wieder zu mir komme, liege ich auch schon im Krankenwagen. Jämmerlich weinend textete ich den Sanitäter mit all meinen Sorgen zu, mit der Angst, dass Alex mich bestimmt bald verlassen würde. Natürlich wollten sie wissen, warum.

»Weil ich Krebs habe, bis jetzt sind alle gegangen. Einfach nur, weil ich verdammt noch mal Krebs habe.«

Die Ersthelfer checkten natürlich sehr schnell, dass ich nichts anderes hatte als zu viel Alkohol. Kurz: Ich war sternhagelvoll, und Alex blieb nichts anderes übrig, als mich irgendwie nach Hause zu schaffen. Wie, das weiß ich nicht mehr.

Nach meinem unmöglichen Wäldchestagauftritt zieht sich Alex immer weiter aus unserem gemeinsamen Leben zurück. Er behauptet zwar, es hätte nichts mit meinem Ausraster zu tun, doch ich glaube ihm nicht. Es macht mich wahnsinnig, wenn er wortlos durch die Wohnung läuft, sich am Abend vorzeitig ins Bett verkrümelt und zwar höflich, doch aber auf eine ganz eigentümliche Art abweisend und kalt ist. Irgendetwas brodelt da in seinem hübschen Kopf. Was, das erfahre ich, als für ihn der entscheidende Moment gekommen ist.

Wie so oft liegen wir gerade auf der Couch vor dem Fernseher, als Alex plötzlich aufsteht und ins Schlafzimmer geht.

»Was machst du?«, rufe ich ihm hinterher, nicht ahnend, was er mir entgegnen würde.

»Myriam, ich packe meine Sachen und fahre.«

»Wie, du fährst? Wo fährst du denn hin?«

»Ich fahre nach Hause, ich schaffe das alles nicht mehr.«

Bäm! Meine Alarmglocken beginnen, aufs Übelste in meinen Ohren zu schrillen. Schon wieder allein! Ohne Alexander! Fuck!

»Nein, bitte geh nicht. Warum gehst du denn jetzt?«

Er sagt, es sei ihm alles zu krass geworden. Zwar liebe er mich abgöttisch, müsse nun aber auch einmal an sich und seine Zukunft denken.

Ich drehe völlig durch, klammere mich an ihm fest und will ihn nicht gehen lassen. Völlig hysterisch rufe ich immer und immer wieder: »Nein, du darfst nicht gehen! Lass mich nicht allein!«

Doch Alex zieht sein Ding durch, packt irgendwie seinen Kram in den riesigen Bundeswehrrucksack, obwohl ich noch immer wie ein festgebissenes Raubtier an ihm hänge.

»Wenn du jetzt gehst, passiert ein Unglück, das verspreche ich dir. Bitte tu das nicht, bleib bei mir!«

Alex lässt sich von meinen Drohungen nicht mal ansatzweise beeindrucken. Warum auch, hat er die Scheiße doch schon unzählige Male miterlebt. Er scheint tatsächlich Ernst zu machen, also beschließe ich, noch eine Schippe draufzulegen. Ich lasse von ihm los, renne in die Küche, greife ein Steakmesser, renne zurück ins Schlafzimmer und beginne, die scharfe Klinge ganz langsam über meinen Arm zu ziehen. Nicht einmal, nicht zweimal, immer wieder lasse ich sie durch meine Haut tief ins Fleisch gleiten.

»Guck mal, was du mir antust. Jeder Tropfen Blut, der hier fließt, ist eine Träne, die ich für dich weine!«

Theatralischer geht es wohl kaum, doch auch ich meine es ernst. Es ist vielleicht der fünfte oder sechste Schnitt, kurz bevor mir Alex das Messer aus der Hand reißt, als ich mir bis auf den Knochen sämtliche Sehnen und die Hauptarterie durchtrenne. Flupp! Das Blut spritzt förmlich aus mir heraus, immer mehr, mit jedem Herzschlag. Ich spüre nicht den Hauch eines Schmerzes, schaue in Alex' mittlerweile kreidebleiches Gesicht und greife geistesgegenwärtig nach meinem Arm, um irgendwie die Blutung zu stoppen. Ich reiße mir mein Kopftuch aus dem Haar, wickle es notdürftig um die klaffende Wunde, während Alex nach oben zu meinem Vermieter rennt, der dummerweise gleichzeitig auch der Freund meiner Mutter ist.

»Myriam hat sich brutal verletzt, wir müssen sofort ins Krankenhaus«, höre ich Alex aufgeregt rufen.

Das Blut fließt und fließt, sodass ich bis zum Eintreffen im Krankenhaus dermaßen viel verloren habe, dass ich am ganzen Körper zittere und mehrfach kurz vor einer Ohnmacht stehe. Jetzt habe ich selbst unfassbare Angst. Ich weine wie ein kleines Baby und langsam wird mir bewusst, was ich da getan habe. Gott sei Dank war Basti gerade nicht bei mir.

Im Rollstuhl geht's direkt ins Behandlungszimmer, wo ich notdürftig von einer Schwester und einem Assistenzarzt versorgt werde.

»Myriam, das war's, nun wirst du dumme Nuss zwangseingewiesen«, denke ich mir und bin unglaublich dankbar, als mir die Schwester kurz vor Eintreffen des Stationsarztes noch einen guten Rat ins Ohr flüstert: »Sagen Sie einfach, ein dummer Streit sei eskaliert, und versprechen Sie direkt, so etwas niemals wieder zu tun.«

Es funktioniert tatsächlich, allerdings muss ich dafür stundenlang die Gemeinheiten des Arztes aushalten, der mich richtig fertigmacht, während er mir unzählige Spritzen in den Arm rammt und mir allen Ernstes verspricht, die Wunden dermaßen schlecht zu vernähen, dass ich mein Leben lang an meine Dummheit erinnert werden würde. Ist mir scheißegal, Hauptsache, ich werde nicht in die Psychiatrie eingewiesen.

Doch irgendwie dämmert mir schon da, dass das vielleicht gar nicht die schlechteste Lösung wäre, schließlich habe ich gerade nicht nur meinen Freund verloren, sondern beinahe auch mein Leben. Zwar will ich auf gar keinen Fall in eine psychische Einrichtung abgeschoben werden, aber Unterstützung, in welcher Form auch immer, ist jetzt wohl das Mindeste.

Ich habe Angst, Angst vor mir selbst, und beschließe, etwas Entscheidendes in meinem Leben zu verändern. Ich brauche Hilfe und werde sie mir holen!

Psychopath statt Traumprinz

Bin ich eigentlich noch ganz richtig im Kopf? Was habe ich da bloß getan? Ich kann es selbst kaum glauben und beschließe, mir direkt am nächsten Morgen einen guten Psychotherapeuten zu suchen. Die wohl übelste Horrornacht meines Lebens ist für mich zur Nacht des Erwachens geworden. Wollen wir doch mal sehen, ob die Dämonen in mir nicht doch zu bändigen sind!

So telefoniere ich mich durch sämtliche Therapeuteneinträge der *Gelben Seiten* und habe Glück! Gerade hat gleich bei mir um die Ecke eine neue Praxis eröffnet, die tatsächlich auch noch Plätze frei hat. Ich freue mich und spüre ein unglaubliches Gefühl der Beruhigung. Ein erster Schritt in die richtige Richtung.

Überhaupt ist für mich nun eine Zeit des Aufräumens gekommen. Ballast abwerfen, mich aufs Wesentliche konzentrieren, raus aus dem Chaos. Und dazu gehört nun mal auch, endlich diese verdammte Operation hinter mich zu bringen. Viel zu lang eiere ich deshalb nun schon wieder herum, rund ein Jahr, und natürlich sitzt mir die Angst im Nacken, sie wächst unaufhörlich, und wächst und wächst. Ich mache mir einen Termin zur Vorbesprechung. Blutabnahme, Narkoseplanung, allgemeiner Check, alles so weit okay, die Konisation soll gleich am nächsten Tag stattfinden – ambulant, also halb so wild.

Dennoch überkommt mich direkt wieder dieses kleine Fluchtmonster, mit dem ich mich einfach viel zu gut verstehe. Ich will nicht, nein, ich will einfach nicht, dass irgendetwas Schlimmes am Ende auf mich zukommt. »Myriam, du schaffst das, zieh das jetzt durch«, rede ich mir immer und immer wieder gut zu und schaffe es tatsächlich, am nächsten Morgen pünktlich in der Klinik zu sein. Vielleicht liegt es daran, dass Alex bei mir ist. Ja, auch wenn wir nicht mehr zusammen sind, will er mir beistehen. Er ist einfach zu süß.

Alles ist wie immer, das ganze Prozedere ist nun wirklich nichts Besonderes mehr für mich: Pillchen im Zimmer, Rollpartie in den OP, Narkose und tschüss. Alles läuft so weit nach Plan, nur blute ich auch dieses Mal während des Eingriffs ziemlich stark, sodass ich doch nicht am gleichen Tag nach Hause darf, wie es eigentlich angedacht war. Auch nicht weiter dramatisch, ganz anders allerdings der Befund, der ein paar Tage später mit einem riesigen Donnerhall in mein Leben platzt.

»Leider haben wir nicht alles erwischt, außerdem müssen wir Ihnen mitteilen, dass wir durch verändertes Gewebe geschnitten haben«, teilt mir einer der

Klinikärzte mit, so dermaßen nüchtern, als würde er mir vom Filetieren eines halben Schweines erzählen, das gleich auf dem Grill landet. Und doch ist da dieser gewisse Unterton in seiner Stimme, den ich von einigen seiner Kollegen schon zu gut kenne, und somit ahne ich, dass das alles rein gar nichts Gutes zu bedeuten hat. Nicht nur, dass sie nicht alles rausbekommen haben, was sie hätten erwischen sollen, durch das Einschneiden der bösartigen, in der Tiefe sitzenden Zellen haben sie zudem dafür gesorgt, dass sich eben diese kleinen bösen Zellen nun munter in meinem Blutkreislauf austoben können. Super, vielen Dank dafür!

»Wir müssen schnell handeln«, sagt der Arzt und schlägt mir eine Bestrahlung vor.

»Gibt es eine Alternative?«

»Tut mir leid, nicht wirklich, bis auf eine weitere OP natürlich.«

Diese lehne ich aber mal ganz fix ab und stimme der Bestrahlung zu. Was bleibt mir auch anderes übrig?

Psychisch nimmt mich das alles mal wieder sehr mit. Die Therapie, mit der wir umgehend begonnen haben und von der ich mittlerweile einige Einheiten hinter mir habe, bringt nicht den gewünschten Erfolg, was mich wahnsinnig frustriert. Meine Borderline-Episoden werden zunehmend schlimmer, ich ritze mich immer häufiger und nun am ganzen Körper; fühle mich einfach nur widerlich und dreckig. Ich stecke wieder mittendrin in der Höllenspirale, hinzukommt, dass Robin mir an den Wochenenden verständlicherweise auch Basti nicht mehr bringt.

Während ich an einem besonders schlimmen Tag zu Hause in einer Lache aus meinem eigenen Blut sitze und einfach keinen Ausweg mehr sehe, beschließe ich, mit meiner Psychologin über eine zusätzliche medikamentöse Behandlung zu sprechen. Sie hatte mir dazu ja schon die ganze Zeit geraten, aber ich Dickschädel wollte es einfach ohne Psychopharmaka schaffen, von deren Nebenwirkungen ich wirklich Respekt habe. Na ja, war wohl nichts.

Die ersten Wochen unter Psychopillen sind für mich der pure Horror. Ich habe abartige Nebenwirkungen vom Tremor über Restless Legs bis hin zu gewaltigen Schweißausbrüchen - es ist wirklich alles andere als ein Kinderspiel. Doch ich ziehe es durch, Gott sei Dank, denn schon bald spüre ich erste Veränderungen, positive Veränderungen, die mich wieder auf die Spur bringen.

Plötzlich habe ich nicht mehr dauerhaft dieses überbordende Verlangen, mich selbst zu verletzen. Ich bin insgesamt ruhiger und kann endlich auch meine Psychologin ihren Job machen lassen. Das war zuvor beinahe unmöglich gewesen, konnte ich mich doch nur sehr schlecht auf die Gespräche mit ihr konzentrieren, ihre Ratschläge und Tipps nur selten akzeptieren und mich somit auch nicht auf positive Veränderungen in meinem Leben einlassen. Nun aber normalisiert sich alles ein Stück weit, das merke selbst ich, insbesondere auch, weil ich es wieder zulassen kann, einen neuen Mann in mein Leben zu lassen.

Ich kannte Henning schon ein paar Monate, und anziehend fanden wir uns irgendwie schon. Ja, wir haben geflirtet, hin und wieder, bis ich dann immer relativ schnell wieder die Reißleine gezogen habe. Er hat ganz schön um mich gekämpft, ein schönes Gefühl, wie ich irgendwann bemerkt habe. Ich begann, wieder etwas zu fühlen, Positives zu fühlen, und das stimmte mich derart euphorisch, dass ich seinen Annäherungsversuchen nicht widerstehen konnte und spontan einem Date zustimmte. Seitdem sind wir zusammen, es funktioniert tatsächlich gut, und ich genieße es in vollen Zügen. Wäre da doch bloß nicht die ganze Zeit dieses seltsame Gefühl, dass mit Henning etwas nicht stimmt. Komisch, ist er doch eigentlich ein Mann wie aus dem Bilderbuch: groß, gut gebaut, er hat erfolgreich Architektur studiert und kommt noch dazu bestens mit Basti klar, was mir wirklich wichtig ist. Das Einzige, was mich wirklich an ihm stört, ist die Tatsache, dass er mir nie direkt in die Augen gucken kann. Auf Dauer wirklich unangenehm, aber damit kann man sich ja arrangieren.

Eine gewisse Zeit schweben wir gemeinsam auf Wolke sieben, und es läuft sehr gut zwischen uns, beinahe zu gut, um wahr zu sein, bis sich vom einen auf den anderen Tag alles verändert.

Ich kann gar nicht wirklich sagen, was passiert ist, doch etwa drei Wochen später kommt es zum gigantischen Knall, und mehr als ein böses Unwetter zieht über unser junges Glück hinein. Als ich gerade für uns in der Küche Handkäs mit Musik zum Abendessen zubereiten will, ruft Henning mich ins Wohnzimmer. Er quengelt und quengelt, bis ich schließlich Löffel und Schüssel voll Käse und all den anderen Leckereien packe und rührenderweise zu ihm herübergehe.

»Schatz, willst du mal sehen, wie sehr ich mich selbst hasse?«

Ich weiß nicht wirklich, was ich darauf antworten soll, rühre irritiert weiter in unserem Abendessen herum und antworte: »Nein, Henning, was ist los?«

Antworten tut er nicht mehr, schaut mich stattdessen mit seinen von Wahnsinn erfüllten, weit aufgerissenen Augen an, greift zu einem bis zum Rand mit einer milchig weißen Flüssigkeit gefüllten Glas, setzt an und trinkt es in einem Zug aus. Ich brauche eine Weile, um zu verstehen, was er da gerade getan hat. Doch die unzähligen leeren Tablettenverpackungen auf dem Tisch sprechen eine eindeutige Sprache.

Die Handkäs-Schüssel fliegt aus meinen Händen im hohen Bogen durchs Zimmer, panisch laufe ich zu Henning, umklammere ihn von hinten und stecke ihm meinen Finger in den Hals. Ich muss ihn dazu bringen, sich zu übergeben, denn der Cocktail aus Beruhigungs- und Schlaftabletten muss wieder aus ihm heraus, und das so schnell wie möglich. Ich zittere am ganzen Leib, bin wütend und fassungslos zugleich.

»Hast du einen Knall?«, schreie ich ihn an und will wissen, was das bloß sollte.

Henning kauert am Boden und fängt jämmerlich an zu weinen, nachdem er die milchige Giftsuppe in einem Strahl aus sich herausgekotzt hat. Ich lasse erst wieder von ihm ab, als nichts mehr aus ihm herauskommt und er nur noch würgt und beginnt, irgendwelche unverständlichen Worte vor sich hin zu stammeln. Während ich ihn im Arm halte und irgendwie versuche, ihn zu beruhigen. Glücklicherweise konnte ich das Schlimmste verhindern, sodass wir auf das Rufen eines Krankenwagens verzichten können.

»Henning, du weißt, ich müsste dich eigentlich in die Psychiatrie bringen. Ich tue es aber nicht, wir schlafen lieber erst mal eine Nacht darüber und morgen entscheiden wir, wie es weitergeht mit dir. Was du da gerade gemacht hast, geht gar nicht! Stell dir vor, Basti wäre hier gewesen, der hätte einen Schock fürs Leben bekommen.«

Für mich kommt natürlich nichts außer einer professionellen, stationären Betreuung infrage, doch das lasse ich ihn in diesem Moment nicht wissen, denn er muss selbst darauf kommen und Hilfe wollen, sonst ist sowieso alles umsonst. Während sich Henning in den Schlaf weint, liege ich wach – grübelnd und nicht wissend, womit ich das alles verdient habe. Ich bin ja selbst nicht gerade obenauf, die Bestrahlungen haben mir ganz schön zugesetzt, außerdem muss ich jetzt auch noch zur Sicherheit eine adjuvante Radiochemotherapie mit Cisplatin über mich ergehen lassen. Es sind zwar nur fünf Zyklen, doch das reicht voll und ganz aus, um sich so richtig scheiße zu fühlen. Zugegeben, die Nebenwirkungen der Chemo sind bei mir nicht ganz so brutal wie bei vielen anderen, zum erneuten Ausfallen meiner Haare reicht es aber dennoch. Herrgott, ist das nicht genug an Bullshit in einem Leben?

Es ist eine Mischung aus Zorn und Traurigkeit, die nun auch mich erschöpft in den Schlaf sinken lässt. Lange soll dieser nicht währen, ständig muss ich schauen, ob mit Henning alles in Ordnung ist.

Am nächsten Morgen bringe ich ihn schweren Herzens in die Psychiatrie. Auch er hat eingesehen, dass er dringend eine Therapie benötigt, doch leider wird in der Klinik sein Zustand nur immer schlimmer statt besser. Aus meinem Traumprinzen ist ein Psychopath geworden, den ich noch lange Zeit jeden Tag besuche, bis ich es selbst psychisch einfach nicht mehr aushalte und mich auf Anraten meiner Psychologin schließlich von ihm distanziere.

Fortan sehe ich das, was von Henning übrig geblieben ist, nur noch dann, wenn er gerade einmal wieder aus der Klinik flüchtet und versucht, mich zu attackieren. Ich weiß, es klingt wie ein ganz billiger Psychothriller, doch genauso ist es. Spätestens jetzt wird mir bewusst, dass Jessica all die Zeit den richtigen Riecher gehabt und mir nicht umsonst geraten hat, Basti nicht zu mir zu holen, solange Henning bei mir ist und ich mir nicht sicher bin, dass unsere Beziehung eine Zukunft hat. Wie viele Stunden hatte ich mit ihr am Telefon das Thema durchgekaut. Mein Gott, wie ich Jessica vermisse. Warum muss sie bloß so weit weg wohnen?

Als hätte ich im Moment nicht schon genug mit mir selbst zu tun, wollen auch die Bestrahlungen nicht anschlagen, sodass ich mich in all dem Trubel auch noch einer Trachelektomie unterziehen muss, der Entfernung meines kompletten Gebärmutterhalses, was glücklicherweise trotz Komplikationen auch von Erfolg gekrönt ist. Unglaublich, aber alles andere hätte ich definitiv auch nicht verkraftet.

Wie aus dem Nichts knallt nämlich schon der nächste Schicksalsschlag in mein Leben: der Tod meiner allerbesten Freundin.

Drei Schüsse zum Adieu

Meine Mutter ist völlig hysterisch. Fast verstehe ich sie nicht, als sie mich am späten Nachmittag anruft. Sie stammelt irgendwas von Mord, der Name Jessica fällt, doch sie redet so schnell und durcheinander, dass ich ihr einfach nicht folgen kann.

»Mom, beruhige dich! Rede langsamer, ich verstehe kein einziges Wort!«

Sie redet unaufhaltsam irgendwelches wirres Zeug, bis ich derart laut ins Telefon schreie, dass meine Mutter am anderen Ende der Leitung kurzerhand verstummt. Ich höre nur noch ein tiefes, schweres Atmen, dann ein weinerliches Schluchzen, und schon quasselt sie wieder los.

»Myriam, Jessica ist tot! Ermordet!«

Ich verstehe nur Bahnhof. Jessica, meiner besten und langjährigsten Freundin geht es prima. Sie hat mich doch gerade erst besucht. Ich weiß nicht, was ich davon halten soll.

»Myri, hast du mich verstanden? Jessica ist tot!«

Langsam realisiere ich, was sie mir sagen will. Mein Magen schnürt sich schlagartig zusammen, und meine

Knie beginnen zu zittern, so dass ich meine Beine übereinanderschlagen und mich am Tisch festhalten muss. Ein kalter Schauer kriecht mir über den Rücken. Mir wird kotzübel. Habe ich das gerade richtig verstanden? Jessica ist tot? Meine geliebte Jessica? Das kann doch gar nicht sein. Vor ein paar Tagen haben wir doch erst geskyped! Das muss ein Versehen sein, Jessi sitzt bestimmt glücklich und zufrieden mit ihren beiden Kids zu Hause in Amerika und freut sich ihres Lebens. Oder etwa doch nicht?

»Mom, bist du dir ganz sicher? Wie kommst du denn darauf?«

Jessicas Mutter habe es ihr am Telefon erzählt, berichtet meine Mom. Genaueres zu den Umständen wisse sie allerdings nicht.

Vor meinem inneren Auge beginnt, ein Film abzulaufen. Es ist der Film einer wunderbaren Freundschaft. Tatsächlich war Jessica der einzige Mensch in meinem Leben gewesen, den ich aus vollster Überzeugung und aus tiefstem Herzen als wahre Freundin bezeichnet habe. Sie war fast mehr als das, Schwester trifft es vielleicht am besten. Wir kannten uns, seit wir beide vier Jahre alt waren, lebten in den USA und waren wirklich jeden Tag zusammen, bis ich nach Deutschland ziehen musste. Wenn wir etwas angestellt haben, taten wir das grundsätzlich im Doppelpack und haben nicht selten unsere Eltern damit zur Weißglut getrieben. Wir haben alles zusammen erlebt, von der ersten Periode bis zum ersten Freund, haben viel gelacht, aber manches Mal auch zusammen geweint.

Wie ich hat auch Jessica keine leichte Kindheit gehabt, wir haben einander Halt gegeben und uns gegenseitig versucht zu beschützen. Der Kontakt ist auch nie wirklich abgebrochen. Klar, haben wir uns nur noch selten gesehen, aber telefoniert oder geskyped haben wir doch relativ oft. Egal, wie weit sie auch von mir entfernt war, ich fühlte mich ihr immer sehr nahe. Jessica war für mich ein ganz besonderer Mensch, was mir gerade jetzt noch einmal deutlich bewusst wird.

Als ich die ersten Liter Tränen vergossen und mich mit einer ordentlichen Portion Psychopillen notdürftig nach unten gefahren habe, will ich es genauer wissen und rufe in Amerika an. Ich erreiche Jessis Mutter Pamela, die mir die traurige Wahrheit bestätigt.

»Ja, Myriam, es stimmt. Justin und sie haben gestritten, woraufhin er eine Pistole gezogen und dreimal auf sie geschossen hat – einmal in die Brust, zweimal mitten ins Gesicht.«

Wieder schießen mir Tränen in die Augen. Justin war doch ihr Freund, sie hatten doch vor Kurzem erst ihre kleine Tochter bekommen. Oh Fuck! Was muss Jessi bloß gefühlt haben, als er mit der Knarre vor ihr stand? Sie muss doch eine tierische Angst gehabt haben. Der pure Horror!

Ob mir wohl Ähnliches geblüht hätte, wäre Henning nicht in der Psychiatrie gelandet? Ich weiß es nicht, und das ist jetzt auch eigentlich egal. Jessica ist nicht mehr da, und ich konnte sie nicht beschützen in ihrem schlimmsten Moment. Hätte ich es kommen sehen müssen? Sie hat doch aber nie irgendetwas von Problemen in ihrer Beziehung erzählt. Mir schießen so viele Fragen durch den Kopf, und ich will eigentlich gerade nur eines: nach Amerika fliegen!

In der Nacht mache ich kein Auge zu, ich bin einfach dermaßen von Schmerz erfüllt, dass weder Tabletten noch Wein helfen, um irgendwie in den Schlaf zu finden. Immer und immer wieder spiele ich im Kopf die Mordszene durch, die mir Pamela geschildert hat. Ich bin ja selbst Schlimmes gewohnt. Eine Krankheit wie Krebs kann man nicht beeinflussen, aber hier hat ein einziger Mensch aus seiner tief sitzenden Unzufriedenheit heraus beschlossen, dass ein anderer nicht mehr leben darf. Warum darf ich weiterleben und Jessica nicht? Erinnerungen poppen auf, wunderschöne Erinnerungen an unsere gemeinsame Kindheit, an ihren letzten Besuch in Deutschland, bei dem sie so strahlend schön und noch dazu so unglaublich positiv war.

Am nächsten Morgen setze ich alle Hebel in Bewegung, um irgendwie zur Beerdigung nach Amerika reisen zu können. Doch es gelingt mir nicht, meine eigene Schusseligkeit macht mir einen Strich durch die Rechnung, habe ich blöde Kuh doch meinen Reisepass ablaufen lassen. Ich kann machen, was ich will, es gibt in der Kürze der Zeit keine Möglichkeit, einen neuen Ausweis zu beschaffen oder ohne dieses verdammte Ding in die USA einzureisen. Jessica muss ohne mich diese Welt verlassen, doch ich weiß, sie wird spüren, dass ich in Gedanken bei ihr bin und sie für immer in meinem Herzen trage.

Am Tag ihrer Beerdigung stelle ich eine Kerze für sie ins Fenster und sage leise »Adieu« – für immer. Jessica fehlt mir sehr.

Traumprinz gesucht!

Ich fühle mich nach Jessicas Tod und der Trennung von Henning einsamer denn je. Mal wieder verkrieche ich mich in meiner Wohnung, wochenlang, fühle mich wie gelähmt. Immer wieder stelle ich mir ein und dieselbe Frage: Warum muss ich das alles durchmachen? Und noch viel wichtiger: Warum lande ich immer wieder an demselben Punkt? Neuer Freund, krank, irgendwelche Schicksalsschläge und am Ende wieder einsam und verlassen in irgendeiner Bude. Traurig, wütend und kraftlos. Und täglich grüßt das Murmeltier, oder was? Ich kann nicht mehr, irgendwie muss ich diesen Teufelskreis doch durchbrechen können. Endlich gesund werden. Mit beiden Beinen im Leben stehen. Glücklich und zufrieden sein. Sagt man nicht, jeder Schicksalsschlag lasse einen wachsen und stärker werden? Wann tritt das endlich auch bei mir ein?

Ich weiß einfach nicht, was ich falsch mache. Kann das Leben einem einzigen Menschen wirklich so übel mitspielen? Muss das nicht irgendwann einmal aufhören? Ich will jetzt endlich meinen Traumprinzen finden. Vielleicht ist es ja Mario. Okay, auch den habe ich wieder im Internet kennengelernt. Auf der gleichen Plattform wie die anderen. Aber vielleicht klappt es ja dieses Mal.

Irgendwie rappele ich mich auf, steige in den Zug, um ins ferne Mecklenburg-Vorpommern zu fahren. Ich hoffe wirklich, dass er ein feiner Kerl ist. Und wenn nicht? Ach, was habe ich schon zu verlieren?

Fast ein wenig gleichgültig düse ich rauf nach Berlin und dann weiter nach Greifswald an der wunderschönen Ostsee. Ich habe während der siebenstündigen Fahrt manch Träne vergossen, sodass jetzt erst mal ein kleines Myriam-Makeover angesagt ist. Schnell der Bordtoilette einen Besuch abstatten, Schminktasche raus und im verschmierten Spiegel versuchen, das Beste aus meinem traurigen Gesicht herauszuholen.

Fast aber sieht es so aus, als wäre all meine Mühe vergebens gewesen. Als ich in Greifswald aus dem Zug steige, ist weit und breit kein Mario zu sehen. Ich warte und warte, tippele von einem Fuß auf den anderen und werde von Minute zu Minute nervöser. Wo ist er bloß? Ob er mich vergessen hat, oder vielleicht gar nicht vorhatte, wirklich zu kommen? Oh Mann, und ich dumme Nuss bin durch halb Deutschland gezuckelt.

Der Bahnsteig hat sich mittlerweile geleert, und ich will mich gerade auf den Weg ins Reisezentrum aufmachen, um mich über Verbindungen für die Rückfahrt zu informieren, da kommt ein junger Mann die Treppe heraufgehetzt, völlig außer Atem, nass geschwitzt, stolpert die letzten Stufen hoch und quasi direkt in meine Arme. Es ist Mario, Gott sei Dank!

»Sorry, Myriam, ich habe mich in der Zeit vertan«, stammelt er und strahlt mich mit seinen wunderschönen tiefblauen Augen und einem bezaubernden Lächeln an. »Du hast es tatsächlich gemacht und bist einfach hergekommen, Respekt!«

Seine Stimme ist tief, die Statur kräftig – absolut mein Typ. Als er mich zur Begrüßung in die Arme nimmt, werden meine Knie butterweich, und ich habe so ein seltsames und doch wohltuendes Gefühl, dass sich mit ihm alles zum Besseren wenden könnte. Ohne Punkt und Komma reden wir in den folgenden Stunden über Gott und die Welt, es ist ein unbeschreibliches Gefühl der Vertrautheit, und so geht es auch ihm. So gut, wie es begonnen hat, geht es auch die nächsten zwei Tage weiter, bis ich mit einer riesigen Horde Schmetterlingen im Bauch und unter Tränen wieder in den Zug Richtung Heimat einsteige. Der Himmel weint mit mir, doch dass es in Strömen regnet, ist mir scheißegal, in meinem Herzen schließlich scheint die Sonne, und wie! Ich vermisse Mario schon jetzt!

Ich ertappe mich dabei, wie ich in Gedanken Zukunftspläne schmiede. Ich will mich mehr um meine Gesundheit kümmern, mein Studium endlich weiterführen, mehr Zeit mit Basti verbringen und natürlich mit Mario. Ich fühle mich so leicht wie eine halbe Ewigkeit schon nicht mehr und beschließe, meine guten Vorsätze gleich nach meiner Ankunft in die Tat umzusetzen.

Die Umstände sind nicht die besten. Henning stalked mich aufs Übelste, auch gesundheitlich gibt es wieder einige Rückschläge, sodass ich kurzerhand zu Mario flüchte, wenige Wochen später sogar zu ihm ziehe. Er gibt mir einfach das Gefühl von Geborgenheit, und genau das brauche ich, um mich gegen meine Krankheit zu stellen. Bald darauf nämlich muss ich wieder an der Vulva operiert werden. Meine Ärzte hatten einige Stellen entdeckt, die ihnen Sorge bereiteten. Verdacht auf Vulvakarzinom! Super! Mich schockt der Verdacht seltsamerweise gar nicht mehr wirklich, ich nehme ihn beinahe gleichgültig entgegen, es ist doch eh immer das gleiche Spiel. Insgesamt an neun Stellen schneiden sie kleine Stücke aus mir heraus, unter anderem auch am After, was unglaublich schmerzhaft ist. Mittlerweile bin ich da unten über und über mit Narben übersät, das Laufen fällt mir schwer, sodass ich ein paar Tage im Rollstuhl durchs Leben düse. Bis nach Mallorca schaffe ich es damit, im Flieger natürlich, denn Mario und ich brauchen dringend eine Auszeit. Kopf freikriegen, Kraft tanken, um endlich gesund werden zu können.

Mario kümmert sich rührend um mich. Nicht nur, dass er meine Launen erträgt, nein, er versorgt meine Wunden, schiebt mich durch die Gegend und redet mir immer wieder gut zu. Was für ein Lieber, genau das, was ich jetzt brauche.

Guter Dinge wieder zurück in Deutschland gelandet, erwarten uns schon die Befunde der OP. Nur unbedeutende Zellveränderungen, kein Krebs! Gott sei Dank! Obwohl ich nach der Auszeit gut erholt bin und auch der Befund Grund zur Hoffnung gibt, fühle ich mich in den kommenden Tagen immer schlechter. Beinahe dauerhaft spüre ich eine latente Übelkeit, die ich nicht näher beschreiben kann. Eines Morgens, wir sitzen gerade beim Frühstück, schaut Mario mich unentwegt an.

»Schatz, du bist voll gelb im Gesicht! Deine Haut, deine Augen – guck mal in den Spiegel!«

Was? Sofort renne ich ins Bad. Ein Blick in den Spiegel genügt, und ich bekomme Panik. So sehr, dass ich sofort freiwillig zu einem Onkologen nach Stralsund fahre, um mich durchchecken zu lassen. Ich kann jetzt alles gebrauchen, nur keine neue Krebsattacke – bitte, bitte nicht.

Nach einer Blutabnahme kann er auch zunächst Entwarnung geben und spricht von einer Leberentzündung. Zufrieden gibt er sich damit allerdings nicht, will sichergehen, etwas Bösartiges zu einhundert

Prozent ausschließen. Ein Radiologe soll einen Ultraschall machen und gucken, was Phase ist. Das Ganze findet im Greifswalder Krankenhaus statt, und natürlich, wie soll es auch anders sein, finden sie etwas. Was, das können sie auch nicht genau sagen.

»Da ist etwas zwischen Leber und Galle, wir müssen ein MRT machen«, sagt der Arzt.

Schock! Ich habe doch so eine irre Platzangst. In diese winzige, enge Röhre geschoben zu werden, ist für mich der blanke Horror. Im Nu läuft mir der Schweiß über die Stirn, und ich bekomme Panik.

»Keine Angst, meine Assistentin wird Ihnen etwas gegen die Angst geben«, beruhigt mich der Arzt, blinzelt nickend seiner Mitarbeiterin zu, die offensichtlich genau weiß, was zu tun ist.

»Ich scheine ja nicht die Erste zu sein, die sich hier anstellt wie ein kleines Kind.«

»Wenn Sie wüssten«, sagt die Schwester lachend, rammt mir eine Spritze in die Vene, und es dauert nicht lange, bis der Angsthase in mir verschwindet und ich ganz langsam ins MRT-Gerät hineinfahre. Tatsächlich ist es auszuhalten, und ehe ich mich versehe, bin ich auch schon wieder draußen.

»Wenn Sie noch ein bisschen Zeit haben, können Sie den Befund auch direkt noch mit dem Arzt besprechen, er ist noch im Haus«, bietet mir die Schwester an.

Die Angst vor dem Moment der Wahrheit weckt dann aber doch den Feigling in mir wieder auf, und ich lehne dankend ab.

»Schicken Sie den Befund einfach zu meinem Onkologen, der kann ihn dann mit mir besprechen.«

Verdammt, ich Schisser, was habe ich mir da wieder eingebrockt? Eine geschlagene Woche muss ich nun warten, bis die Ergebnisse endlich bei meinem Doc landen. Es ist eine nervenzehrende Woche, die sich zieht wie das widerspenstigste aller Kaugummis. Mein Gefühl sagt mir, dass da etwas ist, ich kenne meinen Körper mittlerweile einfach zu gut. Und tatsächlich: Sie haben etwas gefunden! Ob es ein Tumor ist, kann mir niemand sagen. Das Ding ist an einer so blöden Stelle, dass man nicht rankommt, also auch keine Biopsie machen kann. Ein neuartiges Medikament, mit dem die besagte Stelle quasi über einen Katheter beschossen wird, soll es diesmal richten. Sechs Wochen dauert diese Prozedur, übelste Nebenwirkungen inklusive. Die Haare fallen mir büschelweise aus, ich kotze wirklich rekordverdächtig und mir geht's megaschlecht. Für mich nichts Neues, für Mario aber schon, der es nicht aushalten kann, mich so zu sehen.

Etwa zur Mitte der Behandlung hin bricht er in unserer Küche zusammen, einfach so, ohne Ankündigung. Er weint wie ein kleiner Junge und sagt schluchzend, er könne nicht mit ansehen, wie ich sterbe. Ich schaffe es, ihn zu beruhigen, und wir beschließen, das zusammen durchzustehen.

Bei der Nachuntersuchung werden wir mit guten Nachrichten belohnt: Das Ding ist weg! So auch die Leberentzündung, und mir geht es peu à peu besser. Ich will jetzt nur noch eines, und das ist mein Sohn. So lange habe ich ihn nicht mehr gesehen, was mir unendlich schwergefallen ist. Erst der Trouble mit Henning, dann all der Krankheitsschrott – und jetzt? Jetzt ist mein kleiner Schnubbel an der Reihe.

Bevor wir uns zwei, drei Wochen später in meine Heimat aufmachen, will ich aber noch einmal schnell zum Check-up bei meinem Gynäkologen. Mittlerweile bin ich auf dem Trip: Lieber einmal zu viel, als einmal zu wenig nachsehen lassen. Und weil ich seit ein paar Tagen so furchtbare Unterleibsschmerzen habe, soll er da besser noch einmal fix einen Ultraschall machen.

»Ihr Enddarm ist mit Ihrer Gebärmutter verwachsen«, erklärt er mir und gibt mir gleichzeitig das Signal, mich nicht aufregen zu müssen. »Es ist besser, wenn wir sie einfach entfernen.«

Sie? Meint er damit die olle Gebärmutter? Offensichtlich.

»Hatte ich das nicht schon vor einer gefühlten Ewigkeit vorgeschlagen?« Was wäre mir alles erspart geblieben. Raus damit, aber schnell, dann ist auch die Gefahr gebannt, dass in ein paar Wochen wieder irgendeine böse Überraschung auf mich wartet.

Mit der Aussicht, direkt nach meinen Ferien den Eingriff vorzunehmen, entlässt er mich vorerst, und ich fahre glücklich und fast schon ein wenig befreit gemeinsam mit Mario zu meiner Familie. Ich kann es gar nicht abwarten, meinen Kleinen wieder in die Arme zu schließen.

Er wartet dann auch schon auf mich und begrüßt mich mit einem freudigen und unbeschreiblich süßen Lächeln. Als er mir ein selbst gemaltes Bild entgegenstreckt, kullert mir direkt mal eine dicke Krokodilsträne übers Gesicht. Mein Gott, hatte ich diesen kleinen Mann vermisst. Wir verbringen eine wunderschöne Zeit miteinander. Alles ist so gelöst, nichts ist dieses Mal von Krankheit und Problemen überschattet. Mir geht es so gut, dass ich es nun auch schaffe, das für mein Studium benötigte Praktikum in einer Klinik zu absolvieren. Zeitlich passt es perfekt, denn auch Mario muss im Rahmen seines Studiums ein Praktikum machen, findet sogar eine Stelle im gleichen Ort wie ich. Geht es besser? Bin ich etwa auf der Sonnenseite des Lebens angekommen?

Die Freude ist nur von kurzer Dauer, denn plötzlich ist mir wieder dauerschlecht. Ich könnte nur noch kotzen und sehe mich quasi schon wieder in der nächsten

Klinik liegen. Gelb bin ich nicht, was eine Leberentzündung ausschließt. Doch was könnte es dann sein? Die irrwitzige Idee einer Kollegin, ich könnte schwanger sein, schließe ich direkt aus.

»Ich bin krank, ich kann keine Kinder kriegen, ich bin nicht schwanger.«

Nach Dienstschluss merke ich dann, dass mich der Spruch meiner Kollegin dennoch nicht loslässt. Also gehe ich in den nächsten Drogeriemarkt und kaufe mir einen billigen Schwangerschaftstest.

Fügung, letzte Chance oder gar ein Wunder?

Positiv. Das darf doch nicht wahr sein! Ich habe das Gefühl, direkt in Ohnmacht fallen zu müssen. Wie bitte kann das möglich sein?

ICH BIN SCHWANGER!

Fuck, Scheiß, Mist! Was mache ich jetzt? Ich kann doch kein Kind kriegen, ich bin schließlich krank. Wie kann denn das überhaupt möglich sein? Es ist doch gerade mal ein paar Wochen her, da hat mir mein Arzt erst gesagt, es sei sehr unwahrscheinlich, dass ich noch einmal schwanger werden würde, und ich könne bedenkenlos die Pille absetzen.

»Ihr Körper ist durch die vielen Behandlungen ohnehin nicht mehr im Gleichgewicht«, hatte er gesagt und mir geraten, dennoch zur Sicherheit bei Verkehr ein Kondom zu benutzen.

Aha, da ist also der Fehler im System. Shit, einmal das Tütchen vergessen und schon landen wir einen Volltreffer. Muss denn das wirklich sein, reicht es denn nicht, dass Basti so oft ohne seine Mom auskommen muss? Das ist doch einfach nur schrecklich. Meine Gedanken schlagen mal wieder Purzelbäume. Abtreiben will ich auf keinen Fall. Aber wie soll ich es Mario sagen? Der will doch mitten in seinem Studium sicher noch kein schreiendes Kind um sich haben. Oh Mann, da bringe ich garantiert seine gesamte Lebensplanung durcheinander.

OH GOTT!

Ich laufe in unserer kleinen Ferienwohnung auf und ab, die wir für unsere Praktikumszeit angemietet haben. Ich werde fast verrückt, eine Lösung aber finde ich nicht. Als Mario am Abend von seinem Praktikum zurückkommt, merkt er sofort, dass etwas nicht stimmt.

»Was hast du?«, will er wissen.

»Keine Ahnung, nichts!«

Ich kann es ihm nicht verheimlichen, kriege die Wahrheit aber auch nicht über die Lippen und drücke ihm kurzerhand den Schwangerschaftstest in die Hand.

Er guckt mich an und fragt ganz kleinlaut: »Was ist denn das?«

»Was wird das wohl sein?«

»Du bist schwanger? Du kannst doch nicht schwanger sein! Du bist krank! Du kannst doch in deinem Zustand keine Kinder kriegen!«

Mario schaut mich mit einem ungeheuer seltsamen Blick an, den ich so von ihm bis dahin nicht kannte. Dann ist er still. Eine halbe Stunde schweigt er. Kein einziges Wort. Und dann, wie aus heiterem Himmel, beginnt er, hysterisch zu lachen. Ich bekomme Panik, dass er nun völlig durchdreht, ich denke sofort an Henning und seine Psychospielchen. Dann greift er zum Telefon, ruft seinen besten Kumpel an und sagt: »Ich werde Vater, wie krass ist das denn?!«

Ich glaube es nicht, Mario ist außer sich vor Freude. Er hüpft fröhlich umher, führt regelrecht einen Freudentanz auf, bevor er mich in den Arm nimmt und mir, beziehungsweise uns, auf total liebe Art und Weise Mut zuredet: »Schatz, wir haben schon so viel zusammen durchgestanden, das schaffen wir jetzt auch.«

Wow, mit allem hatte ich gerechnet, damit allerdings nicht. Es dauert eine Weile, bis meine anfängliche Panik weicht und auch ich mich freuen kann. Schnell suche ich mir eine Ärztin, die mir die Schwangerschaft noch einmal bestätigt. Natürlich macht sie auch eine Vaginaluntersuchung, die die Gute sicher nicht mehr so schnell vergessen wird.

»Oh mein Gott, was haben Sie denn mit Ihrer Vulva angestellt?«, bricht es förmlich aus ihr heraus, als sie mit der Untersuchung beginnt. Sie ist völlig erschrocken, hatte sie bis dahin schließlich noch nichts von meiner Vorgeschichte gewusst. Natürlich erzähle ich sie ihr gern, hole mir meine Portion Mitleid ab und freue mich, dass zumindest mit dem kleinen Stöpsel in mir alles in Ordnung scheint.

Mit dem Thema Schwangerschaft kann ich mich trotzdem noch nicht so ganz anfreunden. Meine Angst, während der Schwangerschaft wieder an Krebs zu erkranken und das Kind dadurch zu verlieren, ist einfach viel zu groß.

Für mich beginnt nun ein wahrer Ärztemarathon, immer in der Hoffnung, dass mir aus medizinischer Sicht geraten wird, das Kind abzutreiben. Nicht, dass ich das kleine Wesen in mir nicht wollen würde, ich habe einfach nur panische Angst um unser beider Leben. Wer weiß, ob ich die Schwangerschaft überstehe? Wer weiß, ob ich nicht plötzlich wieder irgendwelche Medikamente nehmen muss, die dem Kleinen vielleicht schaden? Doch niemand kann mir überzeugende Antworten auf all meine Fragen geben, vielmehr raten mir alle dazu, die Schwangerschaft als »Geschenk Gottes«, als »Fügung« oder als »letzte Chance« zu sehen. Dann soll es wohl einfach so sein.

Die ersten Wochen kann ich einfach nicht genießen, selbst wenn ich gewollt hätte. Die meiste Zeit liege ich nur im Krankenhaus, weil ich rund um die Uhr kotzen muss. Und wenn ich »rund um die Uhr« sage, dann meine ich das auch genauso.

Je größer die Gebärmutter wird, desto größer werden auch meine Schmerzen. Während sich andere werdende Mütter über jede kleine Bewegung ihres

Ungeborenen freuen, ist es für mich der absolute Horror, so sehr schmerzt es. Es fühlt sich beinahe an, als hätte das kleine Wesen in mir an seinen Händchen und Füßchen scharfe Messer, die mich mit jedem Schlag und jedem Tritt Stück für Stück von innen zerfetzen – es ist einfach nicht auszuhalten.

Ständig wird mein Blut untersucht, ich muss mich dauerhaft schonen und weiß schon jetzt, dass ich nicht normal entbinden können werde. Ich habe alles versucht, eine Klinik zu finden, die dieses Wagnis eingeht. Alle haben abgelehnt, die Gefahr, dass ich sterben könnte, sei einfach zu groß. Ich tue mir selbst leid, das ist wirklich nicht schön, und auch meiner Psyche tut das alles nicht gut. Es gibt nur ganz wenige Momente während der Schwangerschaft, die mir ein echtes Lächeln ins Gesicht zaubern. Wenn Basti, mein kleiner Sohnemann, etwa neben mir sitzt, neugierig auf meinen dicker und dicker werdenden Bauch starrt und schließlich vorsichtig mit seinen Händen darüberstreichelt. Er freut sich auf sein Geschwisterchen, und das ist so wunderschön mit anzusehen. Von meinen unfassbaren Schmerzen jedoch kann auch das nur einen klitzekleinen Moment ablenken.

Am 23. April 2010 hat das Martyrium endlich ein Ende. Ich werde vom Chefarzt höchstpersönlich entbunden, er will den Kaiserschnitt nutzen, um sich mein Innenleben ein bisschen genauer anzuschauen. Es geht ihm nicht nur darum, zu schauen, ob meine Gebärmutter noch zu retten ist, sondern auch darum, die umliegenden Organe auf mögliche Tumore oder sonstige Dinge, die er bei Ultraschall, MRT und Co. vielleicht nicht sehen konnte, zu untersuchen. Gute Idee, soll er mal machen, die komplette Geburt ist ja ohnehin schon irgendwie eine ganz krasse Kiste. Ich bin nämlich extrem stark erkältet und habe einen riesigen Bammel vor dem Kaiserschnitt.

Schon vor ein paar Stunden haben mich die Krankenschwestern vorbereitet, Mario ist auch da und mindestens so aufgeregt wie ich. Im Vorbereitungsraum wird mir eine Spinalanästhesie gesetzt. Na ja, sagen wir besser, die Ärztin versucht es. Etwas ungeschickt verletzt sie sich an meiner Narkosenadel und muss entsprechend abgezogen werden. Was auch sonst, wäre ja schließlich mehr als blöd, wenn wir beide teilbetäubt nebeneinander im Kreißsaal liegen würden. Ein wenig panisch fragt sie mich noch, ob ich Hepatitis oder Ähnliches hätte, was ich natürlich verneine.

»Ich habe wirklich vieles, aber mit Hepatitis, HIV oder ähnlichem Scheiß kann ich nicht dienen.«

Die Narkose zeigt ihre Wirkung, meine Beine kann ich schon gar nicht mehr spüren. Mann, das ist vielleicht ein ekelhaftes Gefühl. Um mich herum wird es langsam hektisch. Alle ziehen und zupfen an mir herum, und mal wieder werde ich breitbeinig auf den OP-Tisch geschnallt. Mario darf nun auch reinkommen und setzt sich ans Kopfende des Tisches. Direkt über meinen Augen verläuft ein Schlauch, durch den das Blut abtransportiert wird, das ich verliere. Ich sehe nur noch Rot und schiebe eine Panikattacke nach der anderen. Zu allem Überfluss beginnt es nun auch noch, kräftig zu ruckeln. Am Tisch oder direkt an mir, das kann ich nicht wirklich zuordnen. Ich spüre einen massiven Druck, so krass, dass mir plötzlich die Luft wegbleibt. Ich denke nur: »Lieber Gott, lass den Knirps endlich auf die Welt kommen, damit das ganze Spiel hier endlich ein Ende findet.«

Schweiß perlt über meine Stirn, irgendwie hat Mario aufgehört, ihn mir wegzuwischen. Er ist nicht mehr da, verschwunden, keine Ahnung, wo er plötzlich hin ist. Ob ihm schlecht geworden ist? Gerade will ich eine Schwester fragen, als ich ihn aufgeregt neben der Hebamme erblicke und einen kräftigen, schrillen Schrei wahrnehme. Da ist er, Jonas, und macht gleich mal lautstark auf sich aufmerksam, wie es sich für einen echten von M. gehört. Vor Freude laufen mir die Tränen über mein verschwitztes Gesicht, als die Hebamme mir Jonas zeigt und ich ihm einen sanften Kuss geben darf.

»Hey, du kleines Wunder, da bist du ja«, flüstere ich in sein winziges Öhrchen, bevor die Welt um mich herum schwarz wird und ich direkt hinein in die Narkose befördert werde. Schließlich muss ich ja wieder zugenäht werden. Glücklicherweise haben sie an meinen Organen nichts weiter gefunden und zudem entschieden, dass auch meine Gebärmutter nicht entfernt werden muss. Die Eileiter haben sie allerdings ganz bewusst durchtrennt, weil eine weitere Schwangerschaft einfach zu gefährlich für mich wäre. No more Babys for Myriam, doch damit kann ich gut leben, ich habe ja nun zwei kleine, süße Würmer.

Während Mario der glücklichste Vater der Welt ist, habe ich einen schweren Start mit unserem kleinen Wunder. Die ersten Wochen nach der Geburt sind mehr als anstrengend, Jonas ist nur am Schreien, weil er das sogenannte KiSS-Syndrom hat. Bei der Geburt hatten sich Halswirbel verschoben, die ihm bis jetzt schlimme Schmerzen bereiten. Ich kann ihn nicht stillen, muss jeden Tag zur Krankengymnastik mit ihm und habe einfach keinerlei Zeit, mich nach all den Ereignissen der vergangenen Wochen und Monate auch nur mal ein paar Minuten auszuruhen. Ich bin körperlich und psychisch einfach nur am Ende.

Punk statt Murmeltier

Das täglich grüßende Murmeltier macht seinen Job mal wieder wirklich gut. Trotz der Geburt von Jonas, die in einem normalen Lebensdrehbuch für Stabilität, Harmonie und viele glückliche Gesichter gesorgt hätte, läuft bei mir alles wie immer ab. Ich falle in ein psychisches Loch, die Depression kehrt mit voller Wucht in meinen Alltag zurück, und Mario hält es schlicht und ergreifend nicht mehr mit mir aus. Er hatte sich, verständlicherweise, ein anderes Bild seiner jungen, glücklichen Familie ausgemalt, mit vielen bunten, strahlenden Farben. Meines aber war schwarz-weiß, wie so oft, und so kommt der Tag, an dem mich mein Traummann verlässt. Danke, Murmeltier!

Es fällt mir fortan zusehends schwerer, mein Mutterglück zu genießen. Mein Studium will beendet und das Kind versorgt werden, parallel muss ich mit Mario nun zu allem Überfluss auch noch um das Sorgerecht kämpfen. Ganz, ganz böse Sachen kommen da von ihm, die ich so nie für möglich gehalten hätte. Sogar meine Krankheiten versucht er, vor dem Richter gegen mich zu verwenden, kramt intime Briefe heraus, um zu beweisen, dass ich als Mutter nicht tauge. Sogar der mehrseitige Liebesbrief, in dem ich vor gar nicht allzu langer Zeit noch einmal alles gegeben hatte, um ihn zurückzugewinnen, landet auf dem Schreibtisch des Familienrichters. Ich kann mir gut vorstellen, wie er ihn kopfschüttelnd gelesen hat, aber hey, wer hat nicht schon einmal in einer Phase tiefster Emotionalität unfassbar viel Schwachsinn zu Papier gebracht, der für Außenstehende einfach wirsch und verrückt klingen muss? Ich bin so gedemütigt, dass ich es gar nicht in Worte fassen kann.

Die Fronten sind mittlerweile dermaßen verhärtet, dass eine gütliche Einigung fast ausgeschlossen ist. Ihm Jonas einfach kampflos zu überlassen, das kommt für mich nicht infrage, schließlich bin ich seine Mutter. Auch das gemeinsame Sorgerecht will ich nicht einfach so akzeptieren und verlange vom Richter, diesem nur unter der Auflage einer familientherapeutischen Maßnahme zuzustimmen. Das tut er glücklicherweise dann auch, was Mario überhaupt nicht geil findet. Über ein halbes Jahr müssen wir nun mindestens einmal wöchentlich einen Psychologen aufsuchen, dem es tatsächlich gelingt, dass wir zwei Streithähne es von der Beziehungs- auf eine supergeniale Elternebene schaffen. Wir können wieder normal miteinander umgehen, ohne die ständig geladene Vorwurfspistole, was die perfekte Ebene für ein gemeinsames Sorgerecht ist.

Mittlerweile lebe ich mit Jonas in einer kleinen, wirklich schönen WG in Flörsheim. Andi, der ebenfalls dort wohnt, kümmert sich rührend um mich und den Kleinen, so rührend, dass er bald darauf auch Jonas' Pate wird. Meine Facharbeit fürs Studium, ein Dokumentarfilm zum Thema Borderline-Persönlichkeitsstörungen, habe ich abgegeben und bekomme dafür eine glatte Eins. Puh, die wochenlangen Dreharbeiten haben sich gelohnt und mir zusätzlich dabei geholfen, meine eigene Borderline-Thematik aufzuarbeiten – natürlich habe ich im Film die Hauptrolle gespielt, wie sollte es auch anders sein?

Ich fühle mich so befreit wie lange nicht in meinem Leben. Gesundheitlich geht es bergauf, Harmonie bestimmt meinen Alltag, mit Jonas komme ich jetzt gut klar und erstmals seit einer gefühlten Ewigkeit beginne ich, wieder positiv in die Zukunft zu blicken. Ich schmiede Pläne. Eine kleine Praxis könnte ich mir vorstellen, immerhin bin ich ja jetzt Heilpraktikerin für Psychotherapie. Ich möchte Menschen in Krisensituationen helfen und sämtliches Chaos aus meinem eigenen Leben endlich in etwas Positives umkehren.

Wie es der Zufall will, wird unter unserer Wohnung ein Praxisraum frei. Klein, süß, einfach schön. Ich ziehe eine enorme Kraft aus meinen Plänen und eröffne 2012 tatsächlich meine eigene Praxis mit dem Namen *MTK Coaching*, dieses Mal nicht holterdiepolter, sondern bis ins kleinste Detail durchdacht, mit Businessplan und allem Drum und Dran. Die Planung, die Produktion von Flyern und Website, das Einrichten – all das hilft mir, mein eigenes Leben neu zu sortieren. Lange hatte ich ein Ziel vor Augen, das ich nun erreicht habe. Ich bin happy!

Vielleicht habe ich auch deshalb ein ganz spezielles Zitat des Schweizer Psychiaters Carl Gustav Jung gewählt, das fortan meine Arbeit begleiten soll:

»Fürchte nicht das Chaos, denn im Chaos wird das Neue geboren …«

Es gefällt mir, beschreibt es doch meine eigene Lebensgeschichte unglaublich gut. Okay, bei mir hat es eine ganze Weile gedauert, bis sich das Chaos geordnet hat und Platz für etwas Neues geschaffen wurde – doch besser spät als nie! Ich habe mein Leben wieder in die Hand genommen, zur Existenzgründung beim Arbeitsamt für ein Darlehen gekämpft, einen megatollen Businessplan geschrieben, erste Klienten betreut und dabei schnell gemerkt, dass auch ich selbst noch sauviel aufzuarbeiten habe.

Ich arbeite viel und hart, vergesse eine ganze Weile, dass mein Körper von all den Strapazen der vergangenen Jahre noch immer sehr geschwächt ist. Nach Jonas' Geburt war ja zu allem Überfluss auch noch Lupus bei mir diagnostiziert worden, zwei Lungenentzündungen haben ihr Übriges getan. An Aufgeben will ich aber einfach nicht denken, hatte ich doch zu hart für den Traum einer eigenen Praxis gekämpft, die für mich so etwas ist wie ein Symbol für mein neues, glückliches, geordnetes Leben. Es läuft auch wirklich gut, doch nach einem knappen halben Jahr muss ich mir eingestehen, dass einfach alles ein wenig too much wird. Ich nehme keine neuen Klienten mehr an, muss beim Arbeitsamt ergänzende Sozialleistungen beantragen und stecke wieder mittendrin im Sog nach unten. Krebs ist aktuell zwar gar kein Thema mehr, aber die Psyche, die will einfach nicht mitspielen.

Als dann auch noch Andi einen psychischen Zusammenbruch hat; er ist durch seinen neuen Job als Cutter beim ZDF direkt hinein in ein ausgewachsenes Burn-out geschliddert, geht unsere klcine heile Welt den Bach runter. Jonas muss zu seinem Dad ziehen, weil ich einfach keinen Kindergartenplatz für ihn finde. Es ist für mich alles andere als leicht, ihn herzugeben, doch ich muss einfach einsehen, dass es der sinnvollste Schritt ist, für ihn, für mich, einfach für alle Beteiligten. Unter der Woche ist er nun bei Mario, am Wochenende bei mir. Anders hätte es auch nicht funktioniert, denn als die Praxis immer schlcchter läuft, stürze ich mich immer wieder in wilde Rockkonzerte. Es wird eine wirklich stürmische Zeit, vielleicht die letzte stürmische in meinem Leben, denn mittendrin treffe ich während eines Konzerts auf Benny, der sich bald darauf als mein großer Prinz entpuppen soll.

Benny ist Punk. Richtig krass mit Iro und einer Hose, die zwei unterschiedliche Beine hat. Völlig schräg. Optisch nicht unbedingt mein Fall, spricht er mich doch auf fast magische Art und Weise auf zwischenmenschlicher Ebene an. Er ist einfach eine echt coole Socke, nur seine ersten Worte zu mir, die sind dann doch irgendwie daneben: »Sind die Haare echt?«

Hey, geht's noch? Fragt man so etwas eine Frau, deren Haare durch Chemo, Bestrahlung und all den anderen Mist ausgefallen und nie wieder richtig nachgewachsen sind? Natürlich sind das alles Haarteile, aber kann ich ihm das sagen?

»Natürlich sind die echt, was glaubst du denn? So eine bescheuerte Frage!«

Okay, das war es dann erst mal mit uns, doch er lässt nicht locker und steht schnell wieder bei mir auf der Matte, um eine Zigarette zu schnorren. Wir kommen dann auch recht schnell ins Gespräch. Ich erzähle ihm von meiner Praxis und von meinen Kindern, merke dabei schnell, dass er sich wirklich für mich interessiert. Auch er plaudert munter aus seinem

Leben, erzählt, er sei selbstständig, was mich ein wenig überrascht. Typisch Schubladendenken, habe ich den Punk einfach mal als arbeitslos abgestempelt. Als Assi, so nämlich sieht er aus. Doch Pustekuchen, der Typ scheint es richtig draufzuhaben.

Ich kann es nicht wirklich in Worte fassen, doch die Begegnung mit Benny fühlt sich irgendwie besonders an. Es sind nicht die üblichen Schmetterlinge, die da in meinem Bauch umherflattern. Nein, es fühlt sich anders an. So, als hätte ich ein Teil meines Lebenspuzzles gefunden, nach dem ich ewig lang gesucht habe. Ich kann es in diesem Moment noch nicht einordnen, als Partner jedenfalls kommt er für mich erst einmal nicht infrage. Wir bleiben dennoch in Kontakt, sporadisch, schreiben uns immer mal wieder über Facebook. That's it.

Erst, als ich mit meinem WG-Kumpel Andi beschließe, eine Band zu gründen, soll auch Benny eine größere Rolle in meinem Leben einnehmen. Denn ich weiß aus Erzählungen, dass er leidenschaftlicher Gitarrist ist. Ich frage ihn, ob er in unserer Band mitmachen will. Er zögert nicht lange und ist bald bei unserer ersten Probe dabei. Wir werden schnell zu einem echt coolen Dreiergespann. Wir sehen uns immer öfter, auch außerhalb der Bandproben. Wir flirten viel, ohne dass irgendetwas passiert. Doch mein Herz, das hat er längst erobert, das muss ich mir nun eingestehen.

Mir geht es einfach gut. Ich genieße das Leben, die Zeit mit Benny, die Wochenenden mit den Kids, einfach alles. Für Krankheiten ist jetzt kein Platz mehr, weshalb ich auch meinen Nachsorgeuntersuchungen die kalte Schulter zeige und sie einfach mal beiseiteschiebe. Ich weiß, dass es sicher nicht gut ist, und je länger ich die Termine verdränge, desto schwerer fällt es mir auch, endlich einen Arzt aufzusuchen.

Benny ist mir jetzt einfach wichtiger, und so kommt es irgendwann tatsächlich auch zu unserem ersten richtigen Date. Ganz romantisch bei Starbucks. Wir sind uns beide einig, dass wir mehr wollen. Weil ich aus der Vergangenheit aber gelernt habe, und keinen Typen mehr verlieren möchte, nur, weil er irgendwann unverhofft auf meine Krebs- und Psychogeschichten trifft, knalle ich ihm meine komplette Story gnadenlos ehrlich auf den Tisch. Ich lasse nichts aus, erzähle von meinen nicht immer leichten Borderline-Aussetzern, dass ich ewig nicht zur Nachsorge war – einfach von meinem unfassbar schweren Leben, das mir in dem Moment selbst einmal wieder so richtig bewusst wird.

»So, mein Lieber, jetzt darfst du überlegen, ob du wirklich mit mir eine Beziehung eingehen und dein Leben mit mir verbringen möchtest.«

Ich weiß, ich habe Benny da wirklich viel aufgetischt und nehme es ihm nicht übel, dass er sich tatsächlich Bedenkzeit erbittet. Diese entpuppt sich glücklicherweise als nicht allzu lange, und er entscheidet sich für mich. Ach, ich bin der glücklichste Mensch der Welt. Ich könnte Bäume ausreißen, so stark fühle ich mich, und fortan glucken wir nur noch zusammen. Ich ziehe direkt bei ihm ein, und es läuft auch wirklich rund. Benny gibt mir Stabilität, sodass ich es auch schaffe, meine Praxis wieder zum Laufen zu bringen. Alles entwickelt sich wirklich gut, die Welt könnte einfach nicht schöner sein.

Wäre da nicht Heiko, der beste Kumpel von Benny, dem es alles andere als leichtfällt, mich als neue Partnerin seines Freundes zu akzeptieren. Ich könnte ausflippen vor Wut, was will der bloß? Was mischt der sich ein? Und am allerwichtigsten: Warum lässt sich Benny von ihm so beeinflussen? Okay, ich bin sechs Jahre älter als er. Ich gebe es ja zu, aber was bitte schön soll daran so schlimm sein? Na ja, der Altersunterschied ist ja nicht das Einzige, was ihn stört. Ich habe zwei Kinder und noch dazu Krebs. Zusammengefasst: Das Gesamtpaket stimmt nicht, Heiko hatte sich für Benny einfach etwas Besseres vorgestellt als mich.

Es macht mich traurig, dass er sich so gegen mich stellt. Klar, ich bin vielleicht nicht die geborene Hausfrau, die ihrem Göttergatten die Mahlzeiten auf den Tisch zaubert und die Hemden bügelt. Glücklicherweise hat Benny gar keine Hemden, die gebügelt werden müssen. Aber mal im Ernst, wir lieben uns, Benny tut mir so unendlich gut, und ich ihm, glaube ich, auch. Ist das nicht die Hauptsache? Doch weil ich weiß, wie wichtig Benny sein Freund Heiko ist, gebe ich wirklich alles, um irgendwie mit dem Mann klarzukommen. Es ist vergebliche Liebesmüh. Was ich auch tue, es ist falsch. Immer und immer wieder feuert er gegen mich. Teilweise so heftig, dass ich es fast nicht mehr aushalte. Ich bin es ja gewohnt, immer mal wieder abgelehnt zu werden, weil mich irgendwelche Menschen zu krass oder was auch immer finden, aber wenn das in meinem direkten Umfeld passiert, hat es noch mal eine ganz andere Qualität.

Es tut mir unendlich weh, gar nicht mal so sehr wegen mir selbst, sondern weil ich sehe, wie sehr es meinen Schatz belastet. Also nehme ich zig Anläufe, um ihn zu uns nach Hause einzuladen. Zu Weihnachten, zu Ostern, zu allen nur denkbaren Anlässen. Immer kassiere ich eine Abfuhr. Erst nach einer ganzen Weile, wahrscheinlich dauert ihm die Beziehung zwischen Benny und mir mittlerweile schon zu lange, kommt er meiner Bitte nach und besucht uns. Mein Gott, was bin ich aufgeregt an diesem Tag. Stunden, nein Tage habe ich unsere Bude geputzt und gewienert, Meister Proper wäre mehr als stolz auf mich gewesen. Ich freue mich, dass Heiko endlich mal kommt, und bin auch guter Dinge, dass wir uns endlich zusammenraufen und wie zwei erwachsene Menschen miteinander umgehen werden.

Es läuft dann tatsächlich auch verblüffend gut. Wir machen einen kleinen Ausflug, essen schön zusammen und plaudern, als wäre nie etwas zwischen uns gewesen. Bis er mich dann in einem ruhigen Moment allein erwischt, ohne Benny.

»Sag mal, Myriam, findest du das eigentlich fair?«

Ich bin völlig verdutzt, weiß gar nicht, was er von mir will.

»Was meinst du denn?«

»Na, dass du Benny nicht freigibst, damit er mit einer jüngeren und vor allem gesunden Frau glücklich werden und eine Familie gründen kann. Merkst du nicht, dass du ihm total im Weg stehst?«

Bäm! Und mal wieder kriege ich so richtig derb eine in die Fresse. Es trifft mich dieses Mal mit besonderer Wucht, denn das ging gerade wirklich so richtig unter die Gürtellinie. Es tut mir so weh, dass ich es fast körperlich spüre. Ich weiß nicht, was ich ihm darauf antworten soll. Und so werfe ich ihm einfach nur einen verächtlichen Blick zu, drehe mich um und lasse ihn stehen – für mich ist der Besuch gelaufen, ganz egal, was Benny dazu sagt. Ich sehe mal wieder keine andere Möglichkeit, als möglichst schnell das Weite zu suchen. Ich packe meine Jacke und stürme aus der Wohnung, raus aus dem Haus, einfach ein wenig durch die Gegend laufen – Hauptsache, ich muss die miese Stimmung zu Hause nicht länger ertragen.

Ich bin traurig, einfach nur tieftraurig. Ich hab's vermasselt, und das, obwohl ich es normalerweise eigentlich ganz gut wegstecken kann, wenn jemand etwas gegen mich hat oder mit meiner Meinung nicht klarkommt. Bei Heiko aber ist es anders. Ich weiß wirklich nicht, wie ich mit der Situation umgehen soll. Klar, ich bin stinksauer auf ihn und würde am liebsten auf direktem Weg zurücklaufen, ihm eine Batterie Silvesterraketen auf den Rücken schnallen und ihn ohne Rückflugticket auf den Mond schießen. Aber das geht nicht, er ist schließlich nicht einfach irgendwer, er ist der beste Freund meines Schatzes. Benny braucht ihn, ist ihm sehr nah, und er soll auf keinen Fall das Gefühl bekommen, sich zwischen ihm und mir entscheiden zu müssen.

Von meiner Seite aus gibt es ja auch eigentlich gar kein Problem. Ganz im Gegenteil, ich mag Heiko sogar ganz gern. Er ist ein wirklich cooler Typ. Wenn er sich nur nicht diesen Blödsinn in seinen Dickschädel gesetzt hätte, der mich als absolutes No-Go für seinen Buddy dastehen lässt. Ich muss unbedingt einen Weg finden, mit ihm auf einen Nenner zu kommen.

Während ich so um die Häuser ziehe, gehen mir die wildesten Dinge durch den Kopf, um Heiko auf meine Seite zu ziehen. Vielleicht ein gemeinsamer Urlaub, oder ich treffe mich mal allein mit ihm, um ihm meine Geschichte zu erzählen. Ich könnte ihm auch einen Brief schreiben, ihm irgendetwas schenken.

Ach, irgendwie ist alles blöd. Er soll einfach nur merken, dass ich Benny wirklich aus tiefstem Herzen liebe, ihm guttue und wir gemeinsam eine wunderbare Beziehung leben. Ich beschließe, den Dingen einfach Zeit zu geben, freundlich und nett zu ihm zu sein, wann immer wir uns sehen. Ich will mich auf keinen Fall verstellen, denn nur wer authentisch ist, wird auch als solches wahrgenommen. Ehrlichkeit siegt am Ende immer. Und so kommt es auch.

Mit der Zeit scheint sich Heiko an mich gewöhnt zu haben. Gut, glücklich mag er noch immer nicht sein, doch wir kommen immer besser miteinander klar. Er scheint zu realisieren, dass Benny und ich einfach zusammengehören. Vielleicht lag vieles auch an seiner persönlichen Situation. Vielleicht konnte er, während er allein war, unser Glück einfach nicht ertragen. Seit er nämlich eine neue Partnerin hat, geht es auch zwischen uns stetig bergauf. Und seit einiger Zeit haben wir etwas, das uns verbindet. Etwas, das er zuvor noch als Problem gesehen hat: Krebs. Heiko ist selbst an Darmkrebs erkrankt und kann sich seitdem vielleicht ein klein wenig besser in mich hineinfühlen, besser verstehen, was in mir vorgeht. Ich möchte auf gar keinen Fall sagen, dass seine Krankheit ein Glücksfall für unsere Beziehung ist, aber manchmal kommt das Schicksal einfach auf die absurdesten Ideen, um entscheidende Lebensweichen zu stellen.

Heute kommen Heiko und ich wirklich gut miteinander aus. Das macht mich unglaublich glücklich, denn anders hätte meine Beziehung zu Benny wohl kaum zu dem heranwachsen können, was sie heute ist: mein sicherer Hafen, in dem ich mich geborgen und wirklich geliebt fühle.

Startschuss in ein neues Leben

Meine Lebensampel steht endlich auf Grün. Vorbei die Zeiten, in denen ich mich vom einen zum anderen Tag hangeln musste, vorbei die beruflichen Sorgen. Meine Arbeit läuft rund, mittlerweile gebe ich sogar Seminare zur Konfliktbewältigung auf Kreta. Wow, ich habe es geschafft. Mit Benny läuft es immer besser, und so ziehen wir gemeinsam in eine größere Wohnung nach Flörsheim, wo wir einfach mehr Platz haben, vor allem an den Wochenenden, wenn die Kids kommen.

Ich fühle mich so gut, dass ich es nun auch wieder schaffe, meine Arzttermine wahrzunehmen. Beim ersten habe ich natürlich unglaublich große Angst, immerhin ist eine halbe Ewigkeit vergangen, und in der hätte sich allerhand tun können tief in mir drin. Doch glücklicherweise ist bis auf eine kleine Gewebewucherung an meiner Mumu alles in Ordnung. Der kleine Knubbel wird direkt in der Praxis entfernt – zack und weg! Nun kann ich noch befreiter in mein neues Leben starten.

Alles scheint perfekt, für eine Zeit lang zumindest, bis plötzlich meine Praxis zu lahmen beginnt.

Warum, das kann ich selbst nicht erklären, auf jeden Fall ist es so, dass immer weniger Klienten kommen. Ich strample mich regelrecht ab, lege Flyer an nahezu jeder Ecke aus, schalte Anzeigen – doch nichts tut sich. Vielleicht soll es einfach so sein.

Ich halte die Praxis auf einem absoluten Minimum, bis ich schließlich merke, dass meine Zufriedenheit langsam, aber sicher flöten geht und auch das Geld zum täglichen Leben immer knapper wird. Meine Psyche meldet sich zunehmend mit depressiven Phasen zurück, was mir natürlich eine unfassbare Angst bereitet. Ich will direkt gegensteuern, doch bis auf ein paar Notfallsitzungen hat meine Psychologin aktuell schlicht keine Termine frei. Ich muss etwas tun, so viel steht fest, ansonsten werde ich noch verrückt.

Meinen Klienten habe ich immer geraten, in einer Krisensituation doch einfach mal rauszugehen, raus in die Natur. Spazieren gehen und den Kopf freibekommen. Warum empfehle ich das eigentlich nur anderen? Was für sie gut sein soll, kann doch für mich nicht schlecht sein. Gesagt, getan. Ich packe mir eine Tasche mit Wasser und ein paar Snacks und steuere den Wald auf der anderen Mainseite an. Ich habe mir vorgenommen, einen Tag nur mit mir allein zu verbringen. Mit mir und meinen Gedanken, auf der Suche nach einer Lösung für mein aktuelles Lebensdilemma. Eine echte Herausforderung, fällt es mir doch schon schwer, zu Hause nur mal ein, zwei Stunden mit mir allein zu verbringen.

In der Tat braucht es eine Weile, bis ich mich der Stille des Waldes hingeben kann. Das Knacken des Holzes, das Rauschen des Windes und dieses schreckliche Zirpen der nervigen Grillen macht mich schier wahnsinnig. Doch ich laufe weiter, immer weiter hinein in den tiefen Wald, bis ich das Sammelsurium aus Naturgeräuschen tatsächlich als unglaublich entspannend wahrnehmen kann. Mein Gott, wann habe ich so etwas zum letzten Mal gehört? Wann habe ich überhaupt zum letzten Mal bewusst einen Wald gesehen? Ich merke, wie die Alltagsprobleme immer weiter wegrücken, wie mein Kopf freier wird. Es hat beinahe etwas Meditatives, wie ich so über den weichen Waldboden bummele, um es mir bald darauf in der warmen Sonne auf einer kleinen Lichtung gemütlich zu machen.

Ich stelle mir all die Fragen, die ich meinen Klienten immer als Hausaufgabe mitgebe. Wo stehe ich im Leben? Was will ich? Wo will ich hin? Fragen, denen ich selbst bislang viel zu wenig Platz in meinem Leben gegeben habe, alles musste immer holterdiepolter gehen, ohne großartige Planung, ohne es wirklich zu hinterfragen. Ich war immer auf der Flucht. Ja, das muss ich mir eingestehen. Mir wird langsam bewusst, was mir wirklich wichtig ist. Ich will, nein, ich muss über meine Krankheit sprechen. So viele Jahre habe ich sie möglichst im Verborgenen gehalten, sie regelrecht versteckt, unter den Teppich gekehrt. Ich muss mir jetzt einfach eingestehen: Der Krebs, der mir so viele Jahre meines Lebens geraubt hat, ist einfach ein Teil von mir – ob ich will oder nicht. Er hat mir unfassbar viel genommen, von Lebensenergie bis hin zu mir wichtigen Menschen. Einfach alles. Warum nehme ich nicht mein Schicksal selbst in die Hand und wandele es in etwas Positives um? Warum nutze ich all meine Erfahrung nicht, um anderen zu helfen und Mut zu machen? Ich habe mittlerweile ein echt beachtliches Wissen rund ums Thema Krebs angehäuft, davon können andere Betroffene sicher profitieren, vor allem diejenigen, die nicht so stark sind, wie ich es heute bin.

Ich will ein Vorbild sein und beschließe, eine Kampagne aufzubauen, die meiner Krankheit und somit auch meinem Leben endlich einen Sinn gibt. Ja, das ist es, ich bin absolut überzeugt von meiner Idee und schmiede auf dem Rückweg frohen Mutes erste Pläne.

Wieder zurück in der Wohnung, plappere ich Benny mit meinen Walderkenntnissen voll. Die Ideen sprudeln nur so aus mir heraus, sodass er mich erst einmal bremsen muss.

»Ganz langsam, Schatz, sortiere dich erst mal.«

Er hat ja recht, doch ich bin so voller Ideen, dass ich mich gar nicht bremsen kann, mich außerdem gar nicht bremsen will. Ich glaube, es ist einfach die richtige Zeit für mich. Ich bin bereit. Schluss mit dem

Versteckspiel. Warum soll die schwache Myriam sich nicht auch mal zeigen dürfen?

Ich möchte meinen neu gewonnenen Lebensmut nutzen, um andere aufzuklären und ihnen zu helfen. Ich will der Krankheit einen Sinn geben und die vermeintlich verlorenen Jahre endlich positiv nutzen. Benny scheint auch angetan zu sein und steigt direkt mit ein, Pläne für meine Kampagne zu schmieden.

In den nächsten Wochen nimmt die ganze Sache in rasender Geschwindigkeit Form an. Kampagnenfotos werden geschossen, Pressekontakte geknüpft. Mein Gott, ich kann es gar nicht abwarten, endlich richtig loszulegen.

Und das mache ich dann auch direkt. Als Motor dient die Zusage von RTL, meine ersten Schritte als Krebsaktivistin mit der Kamera zu begleiten. Und was soll ich sagen? Es ist der Startschuss zu etwas ganz Großem.

Kaum ist der Beitrag gelaufen, droht meine Facebookseite zu explodieren. Hunderte, nein Tausende kommentieren eines meiner Bilder, das mich ohne Haare zeigt. Ich komme gar nicht mehr von meinem Laptop weg, das Beantworten aller mich erreichender Fragen raubt mir meine komplette Zeit. Wobei »rauben« vielleicht das falsche Wort dafür ist, es klingt zu negativ, denn ich genieße die unerwartete Aufmerksamkeit sehr. Vom einen auf den anderen Tag fühle ich mich nicht mehr allein und sehe, wie vielen Menschen es auf dieser Welt genauso ergeht oder ergangen ist wie mir, wie einsam sie der Krebs gemacht hat, wie allein sie sich mit diesen Monstern fühlen. Ich bin mir absolut sicher: Jetzt habe ich meine Berufung endlich gefunden.

Die Menschen lechzen förmlich nach Kraft und Stärke, aber auch nach der Legitimation, Schwäche zeigen zu dürfen, ohne gleich dafür verurteilt zu werden. Ich gebe fortan mein Bestes, um ihnen all das zu vermitteln. Dabei bleibe ich stets ich selbst und würde mich auch niemals verbiegen oder verstellen. Ich sage immer: Entweder du liebst mich oder du lässt mich einfach in Frieden. Das habe ich schließlich nicht ohne Grund auf meinen Hals tätowieren lassen.

Schnell erkennen die Menschen, dass sie bei mir immer zu einhundert Prozent Myriam bekommen. Ich bin authentisch, und genau das ist es, was anzukommen scheint. Sie lieben das gnadenlos Ehrliche, daher identifizieren sie sich auch schnell mit mir und meiner Geschichte. Ich bin diejenige, die vorn steht und ihnen hilft, nicht aufzugeben und vor allem, sich selbst zu lieben. Völlig egal, was andere denken oder sagen. Darum geht es mir, und das tut nicht nur den Menschen da draußen, sondern auch mir unheimlich gut. Zum ersten Mal in meinem Leben spüre ich so etwas wie Dankbarkeit dafür, dass ich Krebs bekommen habe. Ich weiß, es klingt absurd, aber dass ich so viel Elend erleben und überleben durfte, hat mich letztlich zu der Myriam gemacht, die ich heute bin. Und diese Myriam gefällt mir atemberaubend gut!

Aber nicht alle kann ich mit der neuen Myriam überzeugen, vor allem in meinem Freundes- und Familienkreis ecke ich mit meinem neuen Tatendrang immer wieder an. Klar, alle freuen sich mit mir, dass es mir so gut geht und ich endlich meine Bestimmung gefunden habe. Die Art und Weise allerdings, wie ich damit an die Öffentlichkeit trete, gefällt nicht jedem.

Als ich beispielsweise ein Fotoshooting mache, zu dem mir eine Glatze geschminkt wird, rastet meine Mutter vollständig aus. Zugegeben, krass ist das alles schon, ich habe selbst eiskalte, nass geschwitzte Hände, als ich mich mit kahlem Schädel im Spiegel sehe. Im Nu sind all die schmerzlichen Erinnerungen wieder da, all das Leid, das ich und mein Umfeld ertragen mussten. Meine Mom will mich so nicht mehr sehen und kann überhaupt nicht nachvollziehen, dass ich dieses dunkle Kapitel freiwillig wieder ins Hier und Jetzt hole. Doch hey, manchmal muss man einfach provozieren, um gesehen und gehört zu werden. Und das funktioniert in meinem Fall mehr als gut.

Von Tag zu Tag steigt die Zahl derer, die meine Arbeit verfolgen. Immer mehr Menschen wollen über die sozialen Medien dabei sein, wenn ich meine Arbeit tue. Je mehr ich mit Details meiner Geschichte an die Öffentlichkeit gehe, desto mehr Menschen schreiben mir, stellen mir Fragen und erzählen mir von ihren eigenen Krankheitsverläufen. Ich spüre förmlich, dass ich ihnen auf simpelste Art und Weise helfen oder beistehen kann, nämlich einfach dadurch, dass ich für sie da bin, ihnen zuhöre.

Der Rummel um meine Person wird immer größer, was mir auf der einen Seite zwar gefällt, mir auf der anderen Seite aber auch ein gewisses Gefühl der Sorge bereitet. Was, wenn ich den Anforderungen meiner Anhänger nicht gewachsen bin? Ich bin mir meiner Verantwortung nämlich durchaus bewusst und stürze mich immer mehr in die Kampagnenarbeit. Irgendwann geht es sogar so weit, dass ich mich entscheiden muss: Kampagne oder Praxis? 24 Stunden pro Tag reichen einfach nicht mehr aus, um beides stemmen zu können. Ich rechne hin und her, ob ich die mir mittlerweile so ans Herz gewachsene Arbeit mit den Erkrankten irgendwie auch ohne die Einnahmen aus der Praxis fortsetzen kann. Es wird nicht leicht, doch egal wie, etwas anderes kommt für mich nicht mehr infrage. Außerdem bin ich mittlerweile der Überzeugung, dass man alles schaffen kann, sofern man es nur aus tiefstem Herzen will.

Voller Motivation schreibe ich unzählige Institutionen an, um sie von meiner Idee der Aufklärungs- und

Kampagnenarbeit zu überzeugen. Arztverbände, Pharmaunternehmen, Vereine …es sind unzählige Briefe und Mails, die ich verschicke. Das Ergebnis: gleich null! Überall werde ich plump abgeschmettert: kein Interesse, kein Geld, kein Bedarf. Einige sagen mir sogar völlig unverblümt ins Gesicht, ich erscheine ihnen nicht seriös genug. Eine Dame lässt mich wissen, was sie von mir hält: »Liebe Frau von M., schauen Sie sich doch mal an, Sie sind einfach nicht repräsentativ für eine derartige Arbeit!«

Das hat gesessen! Hat die einen Knall, oder was? Nur weil man ein paar Tattoos auf seinem Körper mit sich herumträgt, ist man plötzlich nicht mehr repräsentativ? Was für eine abgefuckte Diskriminierung! Ich bin wirklich geschockt und vor ein paar Monaten wäre ich auch ganz sicher noch in ein tiefes schwarzes Depriloch gefallen. Doch dieses Mal ist es anders. Ich denke mir einfach: »Fickt euch doch alle«, und mache einfach weiter. Denen werde ich es schon zeigen, jetzt erst recht! Und glücklicherweise gibt es ja auch genügend Menschen da draußen, die meine Tätowierungen genauso lieben wie ich.

Bilder für die Ewigkeit

Die kleinen bunten Bildchen, die sich munter über meinen gesamten Körper verteilen, haben mittlerweile eine beachtliche Fangemeinde. Täglich bekomme ich Anfragen, was einzelne Tattoos bedeuten, wo ich sie habe stechen lassen und natürlich, warum es so viele sind.

Ich habe relativ spät angefangen, mich tätowieren zu lassen. Gut, das allererste vergessen wir mal lieber ganz schnell, das war eine Jugendsünde, ich glaube, um meine Mom zu ärgern. Das zweite folgte dann tatsächlich erst Jahre später und war der Liebe geschuldet. Es war der Name »Robin«, den ich mir auf meinen rechten Oberarm stechen ließ. Auch wenn ich immer sage, dass ich zu dem stehe, was ich auf meiner Haut trage, habe ich den Namen nach unserer Trennung doch wegmachen lassen. Meine darauffolgenden Freunde haben es mir gedankt.

Richtig los ging es mit meiner Tätowierwut, als ich einen krassen Persönlichkeitswandel durchgemacht habe. Weg von der kleinen braven Myriam hin zur starken, toughen Frau. Ich mochte Rock'n'Roll, liebte die Fünfzigerjahre, da passten die kleinen Hautbildchen einfach wunderbar.

Das erste größere Tattoo hieß »man's ruin« und steht für alles, was einen Menschen zur Strecke bringen kann: Glücksspiel, Liebe und Feuer. Das Bild sprach mir einfach aus dem Herzen, hatte ich doch zu diesem Zeitpunkt schon vieles kennengelernt, was mich fast zerstört hätte, nicht nur meine Krankheit, sondern auch die ewige Suche nach der einen großen Liebe. Das Stechen dieses Bildes hat ewig gedauert, dennoch habe ich dadurch Blut geleckt. Klar, es tat weh, doch genau das war es, was mich fortan antreiben sollte. Früher habe ich mich geritzt, nun musste ein neues Tattoo her, wann immer es mir schlecht ging. Klingt verrückt, doch so hatte ich nach jeder schlechten Phase auch etwas Schönes, und das noch dazu für die Ewigkeit. Es geht mir schlecht, also tue ich mir etwas Gutes.

Oft waren es nur Kleinigkeiten, die ich mir stechen ließ. Sternchen zum Beispiel, die mit der nächsten Session zu etwas Größerem wachsen konnten. Die Jugendsünde musste irgendwann auch weg, sie wurde später zum Totenkopf, einem weiblichen Totenkopf mit grünen Zöpfen, der lacht und gleichzeitig weint, und der zudem ein Hackebeil im Schädel stecken hat. Klar, auf den ersten Blick wirkt es grausam, für mich hat es damit zu tun, dass ich immer diese Maske der fröhlichen, starken Myriam tragen musste, während ich innerlich gnadenlos zerstört war.

Seit meinem dreißigsten Geburtstag zieren außerdem zwei Vögel meine Brüste. Eine der Schwalben ist wunderschön und steht über dem Wort »Liebe«, während die andere fast skelettiert ist und über dem Wort »Hass« prangt. Zusammen stehen sie für die typische »Ich hasse dich, verlass mich nicht«-Situation eines Borderline-Erkrankten, mit denen ich meine Zerrissenheit, mein Schwarz-Weiß-Denken ausdrücken wollte.

Unzählige simple Bildchen folgten, viele Sterne und Kreuze, bevor ich mir eine Frau auf meine Brust stechen ließ, die im Comicstil abermals meine Zerrissenheit darstellen soll. Die eine Seite ihres Schädels ist hübsch, die andere tot. Tatsächlich ging es mir dabei weniger um meine Psyche, sondern mehr um meine körperliche Erkrankung, die von außen in der Regel nicht zu erkennen war. Ich wollte zeigen, dass egal, wie hübsch du auch aussehen magst, innen der Tod wüten kann. Ein ganz, ganz wichtiges Tattoo für mich.

Natürlich finden sich auch die Namen meiner Kinder wieder, mein Lieblingswort »whatever« steht auf meinen Fingern, und auf einem meiner Beine habe ich mich sogar selbst als Tätowiererin versucht. Der Hello-Kitty-Schädel sieht zwar echt kacke aus, aber er ist von mir, das ist das Einzige, was zählt.

Meine Borderline-Erkrankung ist für immer und ewig auf der linken Wade verewigt in Form einer Frau mit aufgeschnittenen Armen und Beinen, darunter steht: »I would rather feel pain than nothing at all«, was so viel heißt wie: »Ich würde lieber Schmerz fühlen, als gar nichts zu spüren« – exakt darum geht es ja bei uns Borderlinern.

Auch positive Botschaften sind auf meinem Körper zu finden, ja, man mag es kaum glauben. Ein Regenschirm beispielsweise mit den Worten »It can't rain all the time« – es kann nicht immer regnen, irgendwann kommt auch die Sonne wieder heraus. Die klassische Krebsschleife, ein Symbol für Solidarität und Unterstützung, hat auch noch ein Plätzchen gefunden, der FUCK-CANCER-Schriftzug ebenso wie der Name »Benny«, die Liebe meines Lebens.

Im doppelten Sinn unter die Haut geht das Motiv, das ich mir auf den linken Unterarm habe verewigen lassen. Es ist eine Art Strichmännchenfrau, die sich den Kopf wegschießt, also quasi Suizid begeht. Dieses Tattoo ist mein persönliches Mahnmal, damit ich für immer und ewig daran erinnert werde: »Genieße das Leben, es ist so wunderschön!«

Natürlich habe ich es auch in Anlehnung an den Selbstmord meines Vaters gewählt. Benny hat mittlerweile das gleiche, nur in männlicher Version, er wollte es gern als Partnertattoo haben, das uns für immer miteinander verbindet.

Tätowierungen aber bedeuten in meinem Fall nicht nur, schöne Bildchen auf der Haut zu tragen. Nein, viel wichtiger noch sind mir meine tätowierten Augenbrauen – ein ganz krasses Thema in meinem Leben. Als ich noch relativ jung war, habe ich sie mir immer gezupft, gezupft und noch mal gezupft. Hauptsache, sie waren schön schmal und dünn. Als ich sie dann aber durch all die Behandlungen verloren habe, sind sie einfach niemals wiedergekommen. Myriam ohne Augenbrauen? No way! Das geht gar nicht! Ohne sieht man automatisch krank aus, der Rahmen des Gesichts fehlt einfach. Deswegen bin ich immer, gerade wenn ein neuer Mann im Spiel war, ganz früh am Morgen aufgestanden, schnell ins Badezimmer gehuscht und habe panisch die vom Schlafen verwischten Brauen nachgemalt. Lange Zeit hatte ich deswegen auch Probleme, mich im Gesicht anfassen zu lassen. Es war einfach Dauerstress für mich. Vor allem am Anfang, als ich im Malen noch nicht so geübt war und sie nie wirklich symmetrisch hinbekommen habe, diese kleinen Mistkröten.

Es gab tatsächlich Tage, an denen ich es dreißigmal, manchmal vierzigmal hintereinander probiert habe, bis ich zufrieden war – ja, es sind sogar einige Spiegel dabei zerbrochen, wenn ich vor Verzweiflung ausgerastet bin. Es war wirklich schlimm für mich, und deshalb entschied ich mich sehr bald für Permanent-Make-up.

Plötzlich waren meine Morgen superentspannt. Zumindest hatte ich mit den vorgegebenen Linien über meinen Augen etwas, wonach ich mich richten konnte, denn die tätowierten Brauen sind relativ dünn gehalten und dienen mir quasi als Vorlage. Eine der besten Entscheidungen meines Lebens. Nichtsdestotrotz bin ich oft deshalb gehänselt oder dumm angemacht worden. Mir egal, die Leute sollten sich lieber mal Gedanken machen, warum ich keine Augenbrauen mehr habe. Und selbst wenn ich das nur aus Spaß an der Freude getan hätte, ginge es auch niemanden etwas an.

Immer und immer wieder musste ich mich deswegen rechtfertigen, ob persönlich oder auf Facebook, bis ich irgendwann so die Schnauze voll hatte und ein megageiles Shirt designt habe, mit gemalten Augenbrauen und meinem Lieblingswort »whatever« darauf. Ich liebe meine tätowierten Augenbrauen, wie jedes andere Tattoo auch, nicht umsonst habe ich eine Weile als Tattoomodel gearbeitet.

Insgesamt trage ich da ein kleines Vermögen auf meiner Haut, doch ich hatte immer das Glück, mit Tätowierern befreundet zu sein oder Tattoos geschenkt zu bekommen. Hätte ich die alle bezahlen müssen, wäre ich definitiv arm wie eine Kirchenmaus. Darum, cool zu sein, ging es mir übrigens nie, sondern einzig und allein darum, mich selbst zu spüren und wahrgenommen zu werden. Auf die paar Leute, die damit nicht klarkommen und wegen meines Erscheinungsbildes meinen, nicht mit mir arbeiten zu können, kann ich gut verzichten.

Der Kampf einer Krebsfotze

Je mehr Steine mir in den Weg gelegt werden, desto verbissener verfolge ich meine Ziele. Ich kämpfe wie eine Löwin. Glücklicherweise bin ich nicht allein, mittlerweile gehen schon mehrere zehntausend Menschen diesen Weg gemeinsam mit mir. Die *Fuck-Cancer*-Gemeinde wächst und wächst, und das merken langsam auch diejenigen, die mich gerade noch belächelt haben.

Plötzlich werden mir Kooperationen angeboten, die sogar etwas Geld in die Kasse schwemmen. Nun bin ich in der Lage, dem einen oder anderen Community-Mitglied auch mal einen Herzenswunsch zu erfüllen. Sei es ein Besuch im Freizeitpark, ein Spielzeug oder auch nur ein Treffen mit mir – ich tue all das von Herzen gern. Wenn ich dabei in die Augen der dankbaren Menschen blicke, die für einen kleinen Moment all ihre Sorgen hinter sich lassen können, dann weiß ich genau, warum ich so sehr gekämpft habe und noch immer kämpfe, warum ausgerechnet ich überlebt habe.

Leider sind nicht alle dankbar. So ist das nun mal. Wenn man Erfolg hat und in der Öffentlichkeit steht, kommen irgendwann auch die Neider. Frustrierte Menschen, die meinen, ihren gestörten Bullshit bei einem abladen zu müssen. So ergeht es auch mir, und das ist stellenweise ganz schön krass. Der eine beschimpft mich als Krebsfotze, andere sind gar der Meinung, ich hätte es verdient, Krebs zu bekommen und Gott würde sich an mir rächen, weil ich so viele Tattoos habe. Da geht es echt ab in den Kommentaren und Nachrichten auf meiner Facebookseite, doch mit der Zeit lerne ich, darauf angemessen zu reagieren.

Skepsis ist auch ein großes Thema, mit dem ich lernen muss, umzugehen. Viele können mit meiner provokanten Art einfach nichts anfangen, können oder wollen das Ansinnen meiner Arbeit nicht verstehen und unterstellen mir die übelsten Dinge von Geltungssucht bis hin zu Betrug. Wie oft ich mittlerweile von irgendwelchen Menschen bei Behörden und irgendwelchen Institutionen angeschwärzt worden bin, weil ich angeblich unseriös arbeite, kann ich schon gar nicht mehr zählen. Zweimal bin ich schon überprüft worden, weil eine einstige Anhängerin nicht damit klargekommen ist, dass ich sie nicht als Freundin haben wollte. Viel Geld hatte ich ihr für die Beerdigung ihrer Tochter zukommen lassen, habe dafür hart gekämpft, und nun versucht sie, mich plattzumachen. Was auch immer ich tue, sie hinterfragt es und meint, in allem einen versteckten Hinweis darauf zu finden, dass ich nicht authentisch bin. Damit ist sie nicht allein. Einige sind gar der Meinung, ich hätte meine Krankheit nur erfunden, um in der Öffentlichkeit auf Mitleid machen und so auf den roten Teppichen und vor den Fernsehkameras Fuß fassen zu können. Ich kann gar nicht glauben, was sich manche Menschen für kranke Dinge zusammenspinnen.

Doch was soll's, ich weiß ja selbst am besten, was ich durchgemacht habe und wie es hinter den Kulissen meiner Kampagnenarbeit aussieht. Ich arbeite hart, kratze jeden Cent zusammen, um ein paar Schritte weiterzukommen. Klar würde ich gern mehr Herzenswünsche erfüllen und insgesamt auch professioneller auftreten, doch mehrere zehntausend Fans auf Facebook bedeuten nicht, dass mein Konto klingelt – ganz im Gegenteil. Dennoch brauche ich Geld. Geld zum Leben und Geld zum Voranbringen der Kampagne.

So beginne ich 2014, eigene Klamotten zu entwerfen. Ein Freund malt kurzerhand ein Hammerbild von mir, das mich einmal krank und einmal gesund zeigt. Die schwache Myriam und die starke, gesunde. Es soll das erste »Myriam von M.«-T-Shirt-Motiv werden, das ich einfach mal so auf meiner Facebookseite zum Verkauf anbiete. Es kommt an, sodass ich motiviert einen kleinen Onlineshop aufbaue, den ich nach und nach mit weiteren Teilen bestücke. Der Ansturm ist derart gigantisch, dass ich mit den Bestellungen kaum mehr hinterherkomme und die Lieferzeiten bis zu acht Wochen betragen. Hui, da bin ich doch ein wenig überrumpelt worden. Allein schaffe ich das nicht mehr, und suche mir einen Geschäftspartner, der die ganzen Shopbestellungen professionell für mich abwickelt.

Jetzt kommt auch Kohle rein. Es ist nicht die Welt, doch es reicht zum Überleben und zum Vorantreiben meiner Arbeit. Große Sprünge machen kann ich nicht, doch das brauche ich auch nicht, Hauptsache, die Kampagne rollt weiter. Als ich dann zum ersten Mal auf der Straße einen wildfremden Menschen mit einem meiner Shirts sehe, platze ich fast vor Stolz und bin überzeugter denn je, dass alles gut und richtig ist, was ich mache. Die Menschen scheinen sich mit mir zu identifizieren, haben über mich eine Möglichkeit gefunden, ihre Angst und ihren Frust in die Welt zu schreien, dem Krebs den Mittelfinger zu zeigen.

Langsam, aber sicher wachse ich mit meinen Followern zu einer richtigen Community zusammen. Ich werde sogar auf der Straße erkannt, muss Autogramme geben und Selfies machen. Verrückt, aber irgendwie für mich auch ein Zeichen, dass ich wahrgenommen werde, dass ich den Menschen guttue, ihnen etwas gebe. Ich gebe ihnen Halt und Stabilität, all das, was mir in meinem Leben immer gefehlt hat. Auch ich bekomme das nun von meiner Community, und das ist ein wirklich gutes Gefühl. Psychisch geht es mir so gut wie lange nicht, ich weiß gar nicht mehr, wann ich meine letzte schlimme Borderline-Attacke hatte. Herrlich, denn so profitiert auch mein Umfeld. Die Zeit mit meinen zwei Jungs genieße ich regelmäßig in vollen Zügen, und weil es mir so gut geht, läuft auch die Beziehung zu Benny mehr als rund. Ich bin ein happy girl!

Ein kleines bisschen Sissi

Tausende kennen nun meine Geschichte, und täglich werden es mehr. Ich realisiere, wie gut es mir tut, über meine Krankheit und all die Probleme zu sprechen, sodass ich auch anderen eine Plattform dafür bieten möchte. Was mir geholfen hat, kann für andere ja nicht schlecht sein. Einige versuchen es schon, berichten in Onlineblogs von ihren Sorgen und Nöten, erreichen aber oftmals nur sehr wenig Leser. Sie auf meinen Kanälen zu pushen, reicht mir auf Dauer nicht. Schon lange trage ich die Idee mit mir herum, einen Dokumentarfilm zu drehen. Einen Film, in dem es nicht um mich geht, sondern um Erkrankte, die etwas zu erzählen haben.

Bei Krebs denken viele unweigerlich an ältere Betroffene. Aber es gibt auch viele junge Menschen, die mitten aus ihrem Leben gerissen und vom Zeitpunkt der Diagnose an mit einem vielleicht tödlichen Schicksal konfrontiert werden. Diesen Betroffenen möchte ich Gehör verschaffen und ein Forum bieten. Haben sie den Krebs besiegt oder kämpfen sie noch? Wie schaffen sie es weiterhin, am Leben teilzunehmen und ihren Alltag zu meistern? Es geht darum, zu LEBEN – nicht nur zu überleben! Sie sollen ihre jeweilige Geschichte vor der Kamera erzählen und dadurch nicht nur ihr eigenes Schicksal verarbeiten, sondern auch anderen Betroffenen, Angehörigen und Freunden Mut machen.

Menschen, die bislang vom Thema Krebs verschont geblieben sind, sollen wachgerüttelt werden und ihre Vorsorge ernst nehmen. Und weil Schicksale selten bis gar nicht in Sendeblöcke passen, möchte ich Betroffenen durch das Filmprojekt die Möglichkeit geben, ihre Geschichte vor der Kamera zu erzählen, ohne dass sie dabei von den Medien ausgeschlachtet werden.

In vielen Stunden habe ich all meine Kraft in das Projektkonzept gesteckt. Ich möchte der Krankheit damit nicht nur ein Gesicht verleihen, sondern all ihre Facetten schildern, und so mache ich mich auf die Suche nach meinen ganz persönlichen »Helden gegen den Krebs«. Ich finde sie in Erika, Benjamin und Svenja, drei starke Persönlichkeiten, die sich auf beeindruckende Art und Weise damit abgefunden haben, die Krankheit nicht zu überleben.

Erika, Anfang vierzig, leidet unter Darmkrebs mit Hirnmetastasen und hat über ihr Schicksal zum Glauben gefunden. Er gibt ihr Halt. Halt für die letzte Etappe ihres Lebens, auf der sie jede Minute ihrer Tochter schenken will.

Völlig hemmungslos spricht Benjamin über seinen Darmkrebs, der bereits im Alter von zwanzig Jahren bei ihm diagnostiziert worden war. Es gefällt mir, wie offen er mit seiner Situation umgeht, er hat nicht einmal Scheu, vor der Kamera seinen künstlichen Darmausgang zu zeigen. Das sind die Dinge, die mir so unglaublich wichtig sind, denn die einzelnen Geschichten müssen authentisch sein, sonst erreichen sie die Zuschauer nicht.

Als Gesicht Nummer drei habe ich Svenja ausgewählt, die im Interview mit mir zum ersten Mal seit fünf Jahren geweint hat. Für sie eine Befreiung, für mich einer dieser Momente, die ich niemals vergessen werde. Es sind die Worte: »Du weißt, dass du daran sterben wirst«, die Svenja so aus der Fassung gebracht haben, die direkte Art, die sie so berührt hat. Sie sei es bis dahin nur gewohnt gewesen, Sprüche wie »Du schaffst das schon« zu hören. Nein, Svenja wird es nicht schaffen, und genau das zu sagen, der Realität gnadenlos ins Auge zu schauen, das ist wichtig, um die Menschen da draußen wachzurütteln.

Die Dreharbeiten sind sehr anstrengend, sowohl für meine Helden als auch für mich. Den kompletten Sommer filmen wir, vergießen dabei viele Tränen und noch mehr Schweiß, doch wir alle wissen, dass wir da gerade etwas Großes und wirklich Wichtiges ins Rollen bringen.

Mitten hinein in die Arbeiten am Film platzt ein Telefonanruf, der kurz mein Herz zum Stillstand bringt.

»Myriam, wir möchten Sie gern für Ihre Verdienste rund um den Kampf gegen Krebs und Ihre hervorragende Aufklärungsarbeit mit unserem *My-Aid-Award* auszeichnen.«

Habe ich da gerade richtig gehört? Ist das jetzt eine Verarsche oder träume ich? Wieso denn ausgerechnet ich? Was ist überhaupt der *My-Aid-Award?*

Die Stimme am anderen Ende der Leitung gehört Matthias Urrisk-Obertynski, Mit-Initiator des Preises und selbst Krebsaktivist mit seiner Wiener Veranstaltungsreihe *Dancer against Cancer.* Er erzählt mir, dass der eigens zu diesen Zwecken ins Leben gerufene Preis an Personen des öffentlichen Lebens vergeben wird, die sich besonders für den Kampf gegen Krebs engagieren, unter anderem habe Schauspielerin Fran Drescher schon einen im Regal stehen.

Fran Drescher? Das ist doch die Nanny aus der amerikanischen Megaserie? Oh my god! Das muss eine Verarsche sein. Natürlich zeige ich Interesse, versuche dennoch, das Telefonat so schnell es geht zu beenden, um schnell im Internet zu recherchieren. Und tatsächlich, alles, was er mir gesagt hat, scheint zu stimmen. Hilfe, nun bin ich also ganz offiziell eine Person des öffentlichen Lebens, eine demnächst preisgekrönte noch dazu. Ich lasse einen brutalen Freudenschrei los, hüpfe aufgeregt durch die Wohnung und rufe jeden an, der mir gerade in den Sinn kommt. Doch dann halte ich urplötzlich inne, sacke auf einem Stuhl zusammen und denke nur: »Fuck! Ich habe nichts zum Anziehen!«

Beinahe hysterisch stürme ich ins Schlafzimmer, reiße die Türen meines Kleiderschrankes auf und zerre alles heraus, was auch nur ansatzweise zu einer Nobelveranstaltung in der Wiener Hofburg passen könnte. In der Hofburg, ich flippe aus, das ist immerhin die ehemalige Kaiserresidenz, und da will selbst ich nicht in zerfetzten Jeans auftauchen. Ich brauche nur wenige Sekunden, um unter einem Haufen Klamotten resignierend auf meinem Bett zu liegen. Eins ist klar: Da muss definitiv etwas Neues her.

Glücklicherweise sind es ja noch ein paar Wochen bis zu meinem großen Tag. Und es gibt Alessa, meine Heldin an der Nähmaschine, die mir sicher eine standesgemäße Robe zaubern wird. Sie muss pompös, auf keinen Fall gewöhnlich und der absolute Hingucker des Abends sein.

Es ist wirklich eine aufregende Zeit für mich, meine Arbeit wird offiziell gewürdigt. Mann, ich bin stolz wie Oskar. Myriam in heaven!

Fast hätte ich vor lauter Aufregung meinen längst überfälligen Vorsorgetermin vergessen. Was soll's, wird schon nichts sein, schwimme ich doch schließlich gerade auf einer riesigen Glückswelle. Angst verspüre ich dieses Mal absolut keine, und mache mich völlig gelöst und beinahe freudig auf zu meinem Gynäkologen. Auch wenn er es nicht hören will, erzähle ich ihm erst mal die ganzen guten Neuigkeiten. Während ich auf dem Behandlungsstuhl sitze und er zwischen meinen Beinen die Untersuchung beginnt, schwärme ich ihm von den Früchten meiner Arbeit vor, die es nun zu ernten gilt. Ich höre gar nicht auf, von Wien und dem Award zu erzählen, von meinem tollen Kleid und all den Promis, die ich dort kennenlernen würde. Trotz meiner Euphorie bleibt mir jedoch nicht verborgen, dass der Doktor ungewohnt still ist, rein gar nicht auf all die schönen Dinge eingeht, die ich in einem riesigen Wortschwall über ihm ausschütte.

»Frau von M., es tut mir wirklich leid, dass ich Ihre gute Stimmung trüben muss, aber wir haben hier eine kleine Veränderung an Ihrer Klitoris, unmittelbar angrenzend an die Harnröhre.«

»Bitte was? Nein! Bitte nicht! Nicht schon wieder.«

Ich sacke in mich zusammen, kann und will nicht glauben, was ich da höre. Ich bin doch gerade so glücklich, alles läuft fantastisch, warum bleibt mir das nicht erspart? Ja, mir war die Stelle auch schon aufgefallen, aber ich hatte gedacht, es sei eine Verletzung vom Rasieren.

»Ich möchte Sie wirklich nicht beunruhigen, aber wir sollten schnellstmöglich eine Biopsie machen.«

Na super, heißt übersetzt, dass ich vielleicht einen Rückfall habe. Das darf doch nicht wahr sein, ausgerechnet jetzt, wo in ein paar Tagen die Gala in Wien stattfindet. Der Arzt merkt, wie wichtig mir Wien ist, und schlägt vor, den Biopsietermin direkt auf den Tag nach meiner Rückkehr zu legen. Ich stimme zu und – sofern das jetzt überhaupt noch möglich scheint – freue mich auf meinen Trip nach Ösiland.

Die Aufregung steigt von Tag zu Tag und ist am Siedepunkt angekommen, als ich zusammen mit meinem Schatz Benny aufbreche. Im Hotel werden wir echt krass begrüßt mit Blumen, Obstkorb und all dem Firlefanz. Ich kann gerade einmal kurz durchatmen, da geht es auch schon zum ersten Pressetermin. Im Schlepptau habe ich immer ein TV-Team des WDR, das für einen Beitrag über meine Kampagne natürlich auch die Verleihung filmen will. Es sind noch 24 Stunden bis zur Gala, und ich habe schon jetzt unendlich viele spannende Menschen kennengelernt. Ich meine, hey, wer hat schon die Gelegenheit, einmal mit Ruth McCartney zu sprechen, der Schwester von Pilzkopf Paul? Echt krasse Nummer! Außerdem mit dabei: Natascha Ochsenknecht. Mit ihr hatte ich mich zuvor nicht wirklich auseinandergesetzt. Klar, ich kannte sie aus den Klatschspalten der Zeitschriften, aber für mich war sie irgendwie immer nur die Frau von Schauspieler Uwe Ochsenknecht gewesen. Doch ich muss sagen, dass sie mir gleich sympathisch ist, alles andere wäre auch irgendwie blöd, ist sie ja schließlich meine Laudatorin.

Am nächsten Morgen startet der Stylingmarathon. Viel zu früh beginnen die Stylisten an mir herumzufummeln, Maskenbildner geben alles, um meine Müdigkeit wegzuzaubern, sogar Extensions werden in mein dünnes Haar eingearbeitet. Ich fühle mich wie eine kleine Prinzessin und muss gestehen, dass mir gefällt, was ich wenig später im Spiegel zu sehen bekomme. Insbesondere, nachdem ich in meinen rosa-schwarzen Kleidertraum gestiegen bin. Mann, da hat sich Alessa wirklich selbst übertroffen. Es ist pompös, passender geht es einfach nicht für einen Ball in der Hofburg. Abgesehen von der Farbe könnte ich glatt als Sissi durchgehen. Mein schönster Schmuck an diesem Abend: Benny, der in seinem Smoking einfach nur zum Dahinschmelzen ausschaut und megasexy ist.

Gemeinsam werden wir zum Fest chauffiert, flanieren über den roten Teppich durchs Blitzlichtgewitter, schreiten die majestätischen Treppen hinauf zum Saal und fühlen uns wie in einem wunderschönen Traum, der am besten niemals enden soll. Ich werde kurz gebrieft, wann ich dran bin, und ehe ich mich versehe, stehe ich auch schon backstage, ein Glas Champagner gegen die Aufregung in der Hand, und warte auf meinen großen Moment.

»Meine Damen und Herren, hier kommt Myriam von M.!«

Puh, ich bin dran. Noch schnell einen Schluck Schampus und dann raus. Es ist einer dieser Momente, in denen man einfach funktioniert. Alles läuft irgendwie von allein, und das ist auch gut so. Langsam schreite ich raus ins grelle Scheinwerferlicht, wo Natascha Ochsenknecht mich busserlnd in Empfang nimmt. Vor mir sehe ich an die zweitausend Zuschauer, die allesamt aufstehen. Gänsehaut jagt mir den Rücken rauf und runter, ein paar kleine Freudentränen kullern mir übers Gesicht. Alles ist so surreal, aber gleichzeitig auch einfach nur wunderschön. Ich will jede Kleinigkeit in mich aufsaugen, ist dieser Moment doch schließlich der Lohn für all meine harte Arbeit.

»Wo nehmen Sie Ihre Kraft her?«, will der Moderator wissen.

»Von meiner Familie und meinem Partner Benny natürlich. Er steht immer an meiner Seite, egal, wie schlecht es mir geht, auch aktuell mit dem Verdacht auf einen Rückfall – aber hey, das Leben geht trotzdem weiter, die Krankheit hat es bis jetzt nicht geschafft, mich herunterzudrücken, und wird es auch in Zukunft nicht schaffen.«

Es waren wirklich überwältigende zwei Tage für mich, auch wenn sie letztlich überschattet wurden durch meinen möglichen Rückfall. Auf der Rückfahrt ist es dann auch ein Wechselbad der Gefühle. Ich halte den

Award fest in der Hand und platze beinahe vor Stolz, gleichzeitig aber habe ich auch eine brutale Angst vor dem, was nun in Deutschland auf mich wartet.

Die Biopsie an sich verläuft problemlos, und auch der Befund lässt nicht lange auf sich warten. Es ist glücklicherweise noch kein Krebs, allerdings liegt die Betonung hier ganz klar auf dem Wörtchen »noch«. Ich habe die höchstmögliche Vorstufe, und auch mein HPV-Wert ist wieder mächtig aktiv. Ich bin echt geschockt. Zwar weiß ich, dass ich früh genug zur Untersuchung gegangen bin, allerdings auch, dass jetzt wieder ein Jahr mit engmaschiger Behandlung auf mich wartet. Sie nennt sich Aldara®, ein Gel, das auf die betroffene Stelle aufgetragen wird, hoch ätzend ist, aber als Medikament mit guten Erfolgsquoten gilt. Na, das klingt doch für mich nach einem Kinderspiel. Einfach fünfmal die Woche ein Gelchen draufschmieren und weiter geht's. Doch Pustekuchen: Am Anfang brennt es ein wenig, und nach ein paar Tagen geht es mir richtig schlecht. Ich bekomme hohes Fieber samt Kopf- und Gliederschmerzen, mir ist übel wie Rotz und ich will nur noch stumpf herumliegen. Es wird so schlimm, dass wir die Behandlung herunterfahren müssen, was unterm Strich heißt, dass sie insgesamt länger dauern wird. Und weil der ganze Spaß noch nicht mal von der Krankenkasse bezahlt wird, muss ich dafür auch noch ordentlich Kohle auf den Tisch legen, womit wir wieder bei unserer Zweiklassengesellschaft wären. Ich überweise über sechshundert Euro monatlich an meine freiwillige gesetzliche Krankenkasse, und dann zahlt die noch nicht mal für meine Behandlung. Das kotzt mich einfach an.

Obwohl ich mich wirklich schlecht fühle, stecke ich den Kopf dieses Mal nicht in den Sand und mache mit meiner Arbeit weiter, als sei alles wie immer. Ich setze den Dreh meines Filmes fort, besuche weiterhin Erkrankte, bringe eine eigene Nagellackserie auf den Markt und freue mich, dass meine Kampagne wächst und wächst.

Manchmal frage ich mich selbst, wo ich all die Kraft herzaubere, um wie ein Tier weiterzuarbeiten. Der Film ist fertig und wartet nun darauf, uraufgeführt zu werden. Wien darf ihn als Erstes sehen, gefolgt von der Deutschlandpremiere in Gießen. Ich bin einfach nur stolz auf mich.

Be Beautiful – Fuck Cancer

Mir wird nun doch alles etwas zu viel. Die letzten Wochen und Monate sind mir ganz schön an die Substanz gegangen. Zwar bekomme ich vor Weihnachten noch die erlösende Nachricht, dass die Behandlung angeschlagen hat und ich nun offiziell als krebsfrei gelte, doch bin ich trotzdem noch immer unendlich müde. Die Feiertage nutze ich im Kreise meiner Liebsten, um mich mal so richtig auszuruhen, doch das neue Jahr beginnt gleich mit einem Schock.

Es ist früh am Morgen, als ich unter der Dusche stehe und einen weiteren Knoten an meiner Mumu entdecke. Ich fange an zu schreien, breche hysterisch zusammen und sitze auf dem Boden der Dusche, jämmerlich weinend, während mir weiter das kalte Wasser auf den Kopf rieselt. Benny kommt panisch ins Badezimmer gestürmt und will wissen, ob es mir gut geht.

»Nein, mir geht es gar nicht gut, ich kann das alles nicht mehr aushalten, ich habe einfach eine tierische Angst zu sterben. Ich will nicht so sterben wie all die Krebskranken, die sterben alle immer gleich.«

Zwei Tage zuvor war einer meiner Schützlinge verstorben. Eva hatte wie ich Gebärmutterhalskrebs und war gerade einmal 29 Jahre alt. Innerhalb eines Jahres ist sie gestorben, das ist schon krass. Sie war jünger als ich. Und vielleicht könnte sie noch leben, hätten die Ärzte nicht so viel Bockmist gebaut. Sie hatte eine Total-OP, und der Tumor war auch relativ groß. Trotzdem sahen die Ärzte keine Veranlassung dazu, eine Chemo zu machen. Eva wurde oft nicht ernst genommen, wenn sie sich über Schmerzen beklagt hat. Sie müsse sich keine Sorgen machen, sie sei ja noch so jung, alles würde sich wieder regulieren, hatte sie immer zu hören bekommen. Dabei waren es Metastasen gewesen, die ihr so irre Schmerzen bereitet hatten. Metastasen in der Leber, im Darm, im Unterleib – Metastasen einfach überall. Ich bin mir sicher, ihr Tod wäre zu verhindern gewesen, hätte man sie nur für voll genommen. Leider war auch sie nur gesetzlich versichert, da sind einfach nicht mehr als die standardisierten Behandlungen drin – scheiß Gesundheitssystem!

Vom System nicht ernst genommen zu werden, das kenne auch ich nur zu gut. Auch deshalb warte ich immer eine gewisse Zeit ab, bis ich zum Arzt gehe. Dieses Mal muss ich es glücklicherweise nicht, denn der Knoten, den ich ertastet habe, verschwindet schnell von allein. Es war wohl ein Fehlalarm gewesen, auf den ich einfach überreagiert habe, weil meine Nerven blank lagen. Ja, der Tod von Eva ist mir unglaublich nahegegangen und er hat mich dazu gebracht, künftig noch genauer hinzusehen, was Ärzte und Krankenkassen so machen. Es kann einfach nicht sein, dass die tun und lassen können, was sie wollen. Bist du privat versichert, kriegst du alles. Bist du gesetzlich versichert, wird nur das Nötigste gemacht. Das widert mich an, Schluss mit der Zweiklassengesellschaft! Jeder muss das Gefühl haben können, in seiner Behandlung gut aufgehoben zu sein, ob privat oder gesetzlich versichert. Ein gutes Gefühl stärkt die Psyche, und eine starke Psyche ist wichtig für die Genesung. So ist es nun einmal, das müssen auch die ganzen Idioten verstehen, die sich durch uns Erkrankte Monat für Monat die Taschen vollschaufeln.

Dabei muss es nicht mal viel Geld kosten, um Erkrankten ein gutes Gefühl zu geben, sie in ihrem Kampf gegen den Krebs zu motivieren und ein Lächeln ins Gesicht zu zaubern.

Mir fällt das ganz extrem während einer Modenschau auf, die ich zu einer Beauty-Messe im Oktober 2015 veranstalte. Warum sollen irgendwelche Supermodels meine Shirts präsentieren, wenn ich doch all die wunderbaren Ladies in meiner Community habe? Für sie mache ich meine Mode, also sollen sie sie auch präsentieren. Scheiß auf ein paar Kilos zu viel, wen interessiert's, dass bei der einen oder anderen die Haare nicht mehr wachsen? Es ist zumindest einen Versuch wert, und schon die Bewerbungsphase via Facebook zeigt, dass ich mit meiner Idee richtigliege. Es sind unendlich viele junge Frauen und auch Männer, die im Namen von *Fuck Cancer* auf den Laufsteg gehen wollen. Über fünfhundert, die für einen Tag Model spielen wollen. Am liebsten würde ich alle mitnehmen, muss mich aber letztlich für 25 entscheiden.

Ein paar Wochen später geht es dann nach München. Im Gepäck nicht nur unzählige Shirts, sondern auch Perücken und meine Nagellacke – also alles, um ein wunderbares Fest der Schönheit zu feiern. Alle sind unendlich aufgeregt und stürzen sich voller Elan in unser kleines Beauty-Abenteuer. Schnell wachsen wir zu einer kleinen Gemeinschaft zusammen, während wir Choreografien einstudieren, die Kleidungsstücke verteilen und uns in wunderschöne Models verwandeln. RTL begleitet die ganze Aktion mit der Kamera, und bekommt superemotionale Bilder geliefert. Nicht wenige Tränen fließen, wenn sich einige der Mädels dank Perücken nach Monaten zum ersten Mal wieder mit vollem Haarschopf im Spiegel sehen. Sie ziehen unendlich viel Kraft aus der Aktion, vergessen ihre Krankheit und genießen es, für einen Tag im Mittelpunkt zu stehen. Die Reaktion des Publikums setzt dem Ganzen schließlich die Krone auf. Als wir am Ende der Show auf Kommando alle gleichzeitig unsere Perücken von den Köpfen reißen, scheint einen Moment lang in der riesigen Halle die Zeit stehen zu bleiben. Es ist mucksmäuschenstill, es beginnt ein kollektives Weinen, gefolgt von stürmischem Applaus und Standing Ovations. Mein Gott sind wir stolz. Be Beautiful, Fuck Cancer!

Es sind Erfahrungen wie diese, die wachrütteln und auf die Krankheit aufmerksam machen. Ereignisse, die gleichzeitig Erkrankten kostbare, kraftspendende Momente schenken, die vielleicht sogar zum Genesungsprozess beitragen können. Auch mir geben sie Kraft, Kraft zum Weitermachen. Zum Ausbau meiner Kampagne, die mich selbst aus einem tiefen Loch geholt und mir eine neue Perspektive gegeben hat. *Fuck Cancer* ist mein Baby, das ich längst durch die Pubertät geführt und nun mit Gründung einer gemeinnützigen GmbH ins Erwachsenendasein geführt habe. Ich möchte noch mehr Menschen helfen, Krankenkassen und Ärzten noch genauer auf die Finger schauen und so vielen Erkrankten wie nur irgend möglich das Gefühl geben, nicht allein zu sein. Ich selbst habe mich häufig allein gefühlt, habe unzählige Freunde und Lebenspartner an den Krebs verloren, weil niemand weiß, mit dem Monster namens Krebs richtig umzugehen. Darum geht es mir, zeigen wir ihm gemeinsam den Mittelfinger. Nur so können wir überleben.

Heute weiß ich, warum ich all die Jahre gekämpft habe, warum ich überlebt habe. Ich will leben, mit und für meine Kampagne, denn nur so kann ich ein Stück meiner Kraft weitergeben an all die wunderbaren Menschen da draußen. – Das ist mein Auftrag! FUCK CANCER!

Glossar

Adjuvante Radiochemotherapie

Die Radiochemotherapie (RCT) ist eine Kombination aus Strahlentherapie (z.B. mit Gamma-Strahlung) und Chemotherapie (Gabe von Zytostatika), mit der bösartige Tumoren bekämpft werden sollen. Sie kann außerdem eine OP ergänzen, wenn ein Tumor nicht vollständig entfernt werden konnte oder ein begründetes Rückfallrisiko besteht.

Aneurysma

Das Aneurysma ist eine spindel- oder sackförmige, permanente Erweiterung des Querschnitts von Blutgefäßen, die auf einer häufig angeborenen Veränderung der Blutgefäßwand basiert. Ist die Erweiterung zu groß, droht das Gefäß zu platzen.

AV-Knoten-Reentrytachykardie

Die AV-Knoten-Reentrytachykardie (AVNRT) betrifft normalerweise junge Menschen, kann aber auch noch im höheren Erwachsenenalter auftreten und ist eine Herzrhythmusstörung. Dabei kann es vorkommen, dass man urplötzlich aus der Ruhe heraus starkes Herzrasen bekommt, das ebenso schnell wieder verschwindet, wie es gekommen ist. Häufig bleibt die AVNRT unentdeckt, sodass in beschwerdefreien Zeiten ein EKG völlig unauffällig ist.

Betablocker

Betablocker sind weitverbreitete Arzneimittel zur Senkung des Blutdrucks, die außerdem häufig bei Erkrankungen wie Angina pectoris oder Herzrhythmusstörungen verwendet werden.

Borderline-Persönlichkeitsstörung

Bei der Borderline-Störung handelt es sich um eine Persönlichkeitsstörung, die durch Impulsivität und Instabilität von Emotionen und Stimmung, der Identität sowie zwischenmenschlichen Beziehungen charakterisiert ist. Die meisten Menschen bringen damit das Ritzen, also die Selbstverletzung, des Betroffenen in Verbindung, doch das ist nur ein kleiner Teil der Krankheitssymptomatik. Betroffene sehen sich selbst als Opfer ihrer eigenen heftigen Stimmungs- und Gefühlsschwankungen, was zu extremer, unerträglicher innerer Anspannung führen kann. Neben Selbstverletzungen wird häufig versucht, durch Drogenkonsum oder hoch riskante Aktivitäten die Anspannung zu lindern. Betroffene fühlen sich innerlich zerrissen, haben ein gestörtes Selbstbild und eine gestörte Körperwahrnehmung. Sie leiden unter massiven Ängsten vor dem Alleinsein und instabilen Beziehungen.

Fistel

Als Fistel bezeichnet man eine röhrenförmige Verbindung, die sich als einzelner Gang oder als verzweigtes Netzwerk zwischen verschiedenen Organen oder Gewebeschichten ausbildet. Sie kündigen sich oft mit Juckreiz und nässenden Stellen an.

HPV

HPV (Humanes Papillomavirus) ist ein Virus, das Haut- und Schleimhautzellen des Menschen befällt. Bislang sind etwa einhundertfünfzig HPV-Typen bekannt. Die Niedrig-Risiko-HPV-Typen können zu gutartigen, also nicht krebserregenden Erkrankungen wie Genitalwarzen führen, die 15 sogenannten Hoch-Risiko-Typen allerdings auch zu Krebs.

Die meisten Erwachsenen kommen während ihres Lebens mit HPV in Kontakt. In der Regel siegt das Immunsystem aber über beide Arten der Erreger. Die Infektion lässt sich heute mit einem Test nachweisen. Die am häufigsten von HPV hervorgerufene Krebserkrankung ist Gebärmutterhalskrebs. Seit einigen Jahren existiert eine Impfung, die vor den wichtigsten Virustypen schützen kann.

Interferontherapie

Interferone sind Gewebshormone, die der Körper produziert, wenn er gegen eine akute Infektion mit Viren ankämpft. Hat man beispielsweise eine Grippe, produziert man Interferon. Interferone wirken über verschiedene Mechanismen gegen Viren. Zum einen haben sie direkten Einfluss auf die infizierte Zelle und hemmen in dieser Zelle die Vermehrung von Viren und zum anderen führen Interferone zu einer Steigerung von bestimmten Immunantworten, die wiederum eine bessere Bekämpfung von infizierten Zellen ermöglicht.

Auch in der Krebstherapie können Interferone hilfreich sein: Man konnte nachweisen, dass diese Botenstoffe das Wachstum und die Teilung sowohl von gesunden als auch bösartigen Zellen hemmen. In Tumorzellen können sie den programmierten Zelltod auslösen. Nebenwirkungen sind grippeähnliche Symptome, Veränderungen der Haut, Depressionen, Verwirrtheit, Übelkeit, Durchfall, Erbrechen, Haarausfall und vieles mehr.

KiSS-Syndrom

KiSS ist die Abkürzung für Kopfgelenk-induzierte-Symmetrie-Störung. Gemeint ist damit keine Krankheit, sondern eine Fehlstellung der ersten beiden Halswirbel, die die Wirbelsäule mit dem Kopf verbinden. Sie soll für spätere Entwicklungsstörungen bei den betroffenen Kindern verantwortlich sein. Weil der

Zusammenhang zwischen der Wirbelfehlstellung und den ihr nachgesagten Folgen aber bisher nicht wissenschaftlich belegt werden konnte, zweifeln Schulmediziner an der KiSS-Theorie.

Konisation

Eine Konisation ist ein operativer Eingriff, der üblicherweise in Vollnarkose oder in Regionalbetäubung, selten auch in örtlicher Betäubung durchgeführt wird. Dabei wird Gewebe im Bereich des äußeren Muttermundes entnommen und anschließend analysiert.

Leberentzündung/Hepatitis

Hepatitis ist eine Leberentzündung, durch die die Leberzellen geschädigt werden können oder teilweise sogar absterben. In Folge der hohen Regenerationsfähigkeit der Leber werden diese aber wieder durch neue Zellen ersetzt. Eine akute Hepatitis kann durch Hepatitisviren, durch andere Krankheiten, Medikamente und giftige Substanzen verursacht werden.

Leberzirrhose

Die Leberzirrhose ist das Endstadium chronischer Leberkrankheiten. Typischerweise entwickelt sich eine Zirrhose über Jahre bis Jahrzehnte hinweg, seltener sind schnellere Verläufe von unter einem Jahr. In Europa sind Alkoholmissbrauch und chronische Virushepatitis die häufigsten Ursachen.

Lupus

Lupus ist eine Autoimmunkrankheit, die zum entzündlichen Rheuma gehört. Es gibt zwei Hauptformen: Hautlupus und systemischer Lupus erythematodes (SLE). Achtzig Prozent der SLE-Betroffenen sind junge Frauen im Alter zwischen 15 und 45 Jahren, da Lupus in Zusammenhang mit den weiblichen Geschlechtshormonen (Östrogenen) steht. Lupus bricht häufig während oder nach einer Schwangerschaft aus, die Einnahme der Pille kann die Erkrankung fördern. Ein systemischer Lupus erythematodes kann viele unterschiedliche Symptome auslösen. Das Krankheitsbild ist dementsprechend vielfältig, und die Erkrankung verläuft individuell sehr unterschiedlich. So kann sie plötzlich oder ganz langsam einsetzen sowie in Schüben oder konstant über viele Jahre verlaufen. Gelenkschmerzen sind typische Symptome, zu denen unter anderem auch Abgeschlagenheit, Fieber, Gewichtsverlust, Haarausfall und Lymphknotenschwellungen zählen.

Periduralanästhesie

Die Periduralanästhesie ist eine Form der rückenmarksnahen Regionalanästhesie. Sie bewirkt die zeitweilige, umkehrbare Funktionshemmung ausgewählter Nervensegmente und führt dabei zu Empfindungslosigkeit, Schmerzfreiheit und Hemmung der aktiven Beweglichkeit im zugehörigen Körperabschnitt und ermöglicht die Durchführung ansonsten schmerzhafter medizinischer Untersuchungen.

Restless Legs Syndrom (RLS)

RLS ist ein unnatürlicher Bewegungsdrang verbunden mit Kribbeln in den Beinen, Zuckungen oder quälenden Schmerzen. Neben den Beinen können auch die Arme oder selten auch die Brustwand betroffen sein. Erst durch Bewegung gehen die Beschwerden zurück. Zwangsläufig kommt es so nachts zu Schlafstörungen, sodass die Erholung, die der Körper durch den Schlaf normalerweise bekommt, sich nicht einstellen kann.

Trachelektomie

Die Trachelektomie ist die OP-Technik erster Wahl für an Gebärmutterhalskrebs erkrankte junge Frauen mit Kinderwunsch und einem Tumor von nicht mehr als zwei Zentimetern Durchmesser. Bei einer Trachelektomie wird ein Teil des Gebärmutterkörpers erhalten.

Tramadol

Tramadol ist ein Arzneistoff aus der Gruppe der Opioide und wird zur Behandlung mäßig starker bis starker Schmerzen verwendet.

Tremor

Als Tremor wird das unwillkürliche, sich rhythmisch wiederholende Zusammenziehen bzw. Zittern einander entgegenwirkender Muskelgruppen bezeichnet.

Vaginoskopie

Die Vaginoskopie (auch Kolposkopie) beschreibt die Untersuchung der Scheide unter Einsatz eines Vaginoskops.

Vulvakarzinom

Das Vulvakarzinom ist eine seltene, bösartige Tumorerkrankung der äußeren Geschlechtsteile der Frau. Während der Begriff Vulvakrebs alle bösartigen Tumorformen der Vulva beschreibt, bezeichnet das Vulvakarzinom nur diejenigen, die epithelialen Ursprungs sind.

Vulvektomie

Die Vulvektomie ist ein operativer Eingriff (Ektomie), bei dem eine teilweise oder vollständige Entfernung der großen und der kleinen Schamlippen sowie weiterer Teile des äußeren Geschlechts der Frau erfolgt.

Wächterlymphknoten, Sentinel-Lymphknoten

Als Wächterlymphknoten werden diejenigen Lymphknoten bezeichnet, die im Abflussgebiet der Lymphflüssigkeit eines bösartigen Tumors an erster Stelle liegen. Sind die Wächterlymphknoten tumorfrei, ist die Wahrscheinlichkeit gering, dass weitere Lymphknotenmetastasen vorliegen, weshalb den Wächterlymphknoten in der Diagnostik und der weiteren Therapie eine besondere Bedeutung zukommt.

Ein paar Dankeschöns schicken wir ...

Myriam:

... an mein allerliebstes Baby Benny für seine Geduld in der nervenaufreibenden Zeit der Buchentstehung. Du bist mein Fundament und ich liebe dich über alles.

... an meine Kinder. Ihr seid das Glück meines Lebens! Auch wenn Mama nicht immer da ist, trage ich euch stets im Herzen bei mir. Ihr gebt mir die Kraft zu leben.

... an meine Mama, dass sie den Mut hatte, unsere Geschichte in die Welt zu tragen. Ich hab dich lieb.

... an Nina. Ohne dich wäre ich im Arbeitschaos versunken.

... an meine Fans, Anhänger und Schützlinge. IHR seid Fuck Cancer, gemeinsam sind wir stark!

... an Sascha, meinen Co-Autor. Du hast mir bei unserem Kennenlernen morgens ganz unverblümt am Frühstückstisch gesagt, wir würden gemeinsam meine Geschichte groß machen. Ich freue mich, dass wir es geschafft haben und bin neugierig auf das, was noch kommt.

Impressum

Myriam von M. mit Sascha Hoffmann
Fuck Cancer
Denn meine Wut macht mich stark gegen den Krebs
ISBN: 978-3-959101-00-4

Eden Books
Ein Verlag der Edel Germany GmbH

www.edenbooks.de | www.facebook.com/EdenBooksBerlin | www.edel.com
1. Auflage 2016

Einige der Personen, Orte und zeitlichen Abläufe im Text sind aus Gründen des Persönlichkeitsschutzes anonymisiert.

Projektkoordination: Svenja Monert
Lektorat: Laura Krause
Umschlaggestaltung: Christiane Hahn und Christina Hucke
Layout und Satz: Datagrafix GmbH| www.datagrafix.com
Druck und Bindung: optimal media GmbH, Glienholzweg 7, 17207 Röbel/Müritz

Das FSC®-zertifizierte Papier *Holmen Book Cream* für dieses Buch lieferte Holmen Paper, Hallstavik, Schweden.

Printed in Germany

Dieses Buch ist auch als E-Book erhältlich.

Sascha:

... an meine Mutter, meine Schwester und den Rest der Family, einfach weil ihr da seid.

... an meine allerliebsten Hasen Jesse und Anette. Es ist so schön, Menschen wie euch meine Freunde nennen zu dürfen.

... an Catherine für ihr Nachsehen, dass ich nicht so greifbar war wie gewohnt sowie für das Mitfiebern.

... an Myriam, die mich mit ihrer Art im Nu in ihren Bann gezogen und mein Diktiergerät zum Glühen gebracht hat. Für dein Vertrauen, intensive, offene Gespräche, unsere gemeinsamen Schlemmereien und inspirativen Streitereien, über die wir grundsätzlich kurz drauf gemeinsam lachen können.

Ein dickes Dankeschön geht natürlich auch an die Ladies von Eden Books sowie an Laura, unsere Lektorin!